회양목도 꽃을 피우는데

【정하성 여섯 번째 수필집】

회양목도
꽃을
피우는데

정하성 지음

한국학술정보㈜

머리말

    금년은 늦장마 속에 태풍까지 몰아쳐서 힘든 여름나기를 했다. 이번 태풍은 10년 만에 수도권 내륙으로 처음 불어와서 상당한 주의가 필요했다. 지구촌이 몸살을 심하게 앓고 있어 걱정스럽다.

    우리 후손의 행복한 삶을 위해서도 지구의 환경을 잘 보존해야 한다. 인간의 편리를 위해 만들어 놓은 생활시설과 기기들이 결국 환경을 오염시키고 그 결과가 다시 우리에게 돌아오고 있다. 휴지 한 장, 물 한 컵을 아껴 쓰고 보물처럼 귀하게 생각해서 일상 속에서 실천해 가야 한다. 나도 이런 차원에서 물건을 아끼고 환경을 지키기 위해 노력하고 있다.

    요즘은 눈 뜨면 만나는 집 안의 나무와 참새 그리고 작은 풀벌레가 더욱 귀해 보인다. 잠자리에 누우면 쉬지 않고 울어 대는 벌레소리가 어린 시절에 듣던 소리보다 더 아름다워지는 것은 그 시절보다 고마운 마음이 더하기 때문이다. 여기에 쓴 수필들도 우리 집을 비롯해서 일상에서 생각하고 느끼며 바라보았던 소중한 것들이 주제가 되었다.

    과거에는 길섶의 풀 한 포기에 관심이 없었으나 지금은 개망초의 흰 꽃을 보고 발걸음을 멈추고 눈길을 준다. 민들레, 쑥부쟁이, 질경이 등의 우리 잡풀이 아름답고 고마워서 감사하고 즐거운 마음으로 한참을 바라본다. 어쩌면 이것이 나의 조그마한 성숙이었는지 모른다. 아무리 물질만능의 세상이 되어도 살아 숨 쉬는 생명체에 관심과 사랑을 갖는다는 것은 매우 소중한 일이다. 심산유곡에서 길을 잃고

헤맬 때에 활짝 핀 들국화가 마음을 안정시켜 길을 찾도록 여유를 주듯이 인간은 어려울수록 뒤를 돌아보고 주변의 환경을 살피면서 살아가야 한다. 관심을 갖고 사고가 깊어져서 올바른 판단을 하여야 행복한 삶을 살아갈 수 있다.

이웃에 대한 관심이 없어서 옆집 독거노인이 죽어도 반년이 지나도록 모르는 세상이다. 조금만 관심을 갖고 상호 간에 교류를 했다면 이런 비극은 없었을 것이다. 앞으로 고통과 슬픔은 같이하려 먼저 찾아와서 위로하고 기쁨은 이웃에게 먼저 주려는 여유 있는 삶을 살아간다면 우리 생활은 진정으로 행복해질 수 있다.

각박하고 몰인정한 사회에서는 인간다운 정과 사랑을 찾기가 어렵다. 조금 귀찮고 고달파도 이웃과 어려운 사람을 위해서 솔선수범한다면 세상은 훨씬 살기 좋아질 것이다. 이러한 일상 속에서 느끼는 평범한 내용을 수필로 쓰면서 자신의 성숙함을 기대해 본다. 앞으로는 더 많은 자연과의 접촉을 통해서 더 사랑하고 감사하는 삶을 살아가려 한다. 이번 여섯 번째 출간하는 수필집을 좀 더 많은 독자들이 읽어서 많은 감정을 공유했으면 한다.

2010. 10. 20.
괴정학당에서
저자 정하성

차 례

1. 붕어빵

　언제부터인가 도로 가에서 붕어빵을 구워 파는 사람들이 생겨나기 시작했다. 잿빛보도를 걷다 보면 빨간 천을 두른 리어카 안에서 무표정한 얼굴로 아주머니가 붕어빵을 굽고 있다. 살기 힘든 사람이 손쉽게 할 수 있는 장사라서 없는 사람이 선호하는 생계형 직업이다. 대부분 고객은 옛 추억을 공유하고 있는 중년들이다.

　십대의 청소년은 한 명도 없다. 많은 십대들이 붕어빵 속에 들어 있는 팥을 먹지 않기 때문이다. 요즈음 청소년들은 콩과 팥을 즐겨 먹지 않는다. 내가 학교에서 가끔 학생들에게 간식으로 매점에서 팥빵을 사 오라면 학생들이 "교수님은 월남세대"라고 한다. 아버지가 월남 전투에 참전했는데 팥빵을 좋아하신단다.

　함께 살아왔던 공간에서 사회 경제 정치적으로 같은 형편에서 살아왔으니 간식으로 즐기는 음식이 같을 수밖에 없구나 하는 생각을 한다. 역사발전은 동시대 구성원의 노력에 의해서 이루어짐을 알고 있는 나는 이제 많이 걸어왔구나 하고 지나온 시간을 느끼게 된다.

　나의 학창시절에는 콩자반이 특별반찬이었다. 햅쌀밥에 검은 햇콩을 넣어 지은 밥은 정말로 꿀맛이었다. 김이 모락모락 피어오르면서 구수한 냄새와 함께 눈에 들어오는 하얀 쌀밥에 섞여 있는 검은콩은 참 보기도 좋았다. 식욕을 돋우는 구수한 냄새며 달콤한 맛이 일품이 었다. 모든 것이 귀해야 가치가 상승되고 소중하게 대접받는 이치를 지천으로 쌓여 있는 풍성한 먹을거리를 보며 가끔 생각한다.

지금은 과체중과 비만을 고민하면서 어떻게 살을 뺄까를 궁리하며 당기는 식욕을 억제한다. 나도 가끔은 시장기를 느낄 때에 간식을 먹고 싶지만 살찔 것 같아 꾹 참는다. 참아야 건강을 유지하기 때문이다. 이렇게 먹는 것과 살찌는 일로 걱정하는 오늘의 풍요로움을 더욱 의미 있게 생활해야 한다. 적당히 먹고 지속적인 운동을 하여 건강을 유지하여야 함을 알면서도 실천하지 못하는 현실이 안타깝다.

옛날에는 멀건 밀가루 반죽에 팥 앙꼬를 넣어 구워서 풀빵을 만들어 팔았다. 길가를 지나는 사람들이 호호 불어 가며 맛있게 풀빵을 먹었던 모습이 우리 눈에 익숙하다. 지금이야 이 풀빵은 사라지고 되직한 밀가루 반죽에 팥을 듬뿍 넣은 붕어빵을 사람들은 먹는다. 직장 잡기가 하늘에 별 따기만큼 어려운 요즈음에는 젊은이들도 붕어빵 장사를 한다. 이것도 특허를 받아서 로열티를 주고 장사를 하는 사람이 있단다. 팥 앙꼬를 만드는 기술의 대가다. 요즈음 붕어빵은 밀가루 반죽에 팥 앙꼬를 넣어서 한 번에 다섯 개씩 만들어 낸다. 겨울철에는 갓 구워 낸 붕어빵을 행인들이 주전부리로 즐겨 사 먹는다. 붕어빵의 따끈하고 달콤한 맛이 구미를 당기게 한다. 여기에 옛 추억도 함께하니 맛과 재미가 배가된다. 나도 1960년대 등·하굣길에 국화빵을 즐겨 사 먹던 추억이 생각나서 길가를 지나다 가끔 붕어빵을 산다. 고교시절, 아침밥을 먹고 족히 4㎞나 되는 버스정거장까지 친구와 걸어갔다. 한참을 걷다 보면 길가에서 국화빵을 구워서 파는 아저씨를 만나게 된다. 우리는 단골손님이 되어 서로 인사를 하며 국화빵을 사 먹었다. 멀건 밀가루 반죽에 팥 앙꼬를 넣어 구워서 뜨거웠지만 배고픈 그 시절에는 별미가 되었다. 당시에는 붕어빵이 없었던 시절이어서 국화빵이 유일한 주전부리였다.

요즈음의 붕어빵과는 맛과 질이 완연히 다른 일명 풀빵이었다. 한 번에 대여섯 개씩 먹어도 양이 차지 않았다. 버스비를 걱정하던 그 시절의 경제사정으로 마음껏 풀빵을 먹지 못했던 아쉬움이 가끔 생각나서 실소를 머금는다. 그래도 나는 부모님이 경제적 여유가 있어 다른 사람보다 풍족한 생활을 할 수 있었음에 항상 감사드리고 있다.

주전부리와 간식이 크게 부족했지만 할머니의 사랑은 한이 없어 늘 마음 편하고 행복했다. 바로 아래 남동생이 어렸을 때에 피부병으로 고생을 많이 했다. 몸이 가려워서 숙면을 취하지 못하고 새벽 다섯 시가 되면 잠에서 깨어난다. 그러면 할머니는 온 식구가 깊은 잠에 빠져 있을 때에 화롯불에 고구마를 구워서 동생에게 주었다. 이것을 일명 '새벽'이라 불렀다. 지금은 교직에 중견지도자로 성실하고 열심히 살고 있는 것이 대견스럽다.

붕어빵을 몇 년 전에는 천 원에 여섯 개를 주더니 이것이 점점 줄어들어 지금은 세 개를 준다. 외출해서 저녁식사를 하고 집에 올 때에 가끔씩 집에 혼자 있는 아내의 주전부리를 생각하며 천 원을 주고 붕어빵 세 개를 사 온다. 그러면 아내가 두 개를 먹고 내가 한 개를 먹는다. 붕어빵에는 붕어가 없고 대신 팥이 들어 있다. 생김새가 붕어 같다고 해서 붕어빵이란 이름이 붙은 것이다.

물론 국화빵에도 국화가 들어 있지 않았다. 다만 구워 내는 빵틀 모양이 국화 모양이어서 국화빵이 되고 붕어처럼 생겼다고 붕어빵이라고 부른다. 붕어빵은 닮은 사람을 비유해서 말한다. 겉은 닮았으나 속에는 붕어가 없듯이 사람도 겉은 닮았으나 속은 완전히 다른 사람들이 많다. 표리가 부동한 사람을 말한다. 겉과 속이 같아야 사람이지 다르면 정말 상대하기 어렵다.

옛 선비는 지조를 지키기 위해서 목숨을 초개와 같이 버렸다. 자신의 권력이나 금력을 얻기 위해서 의리와 정의를 저버리는 일은 상상도 할 수 없었다. 꼿꼿한 지조를 지키기 위해서 책과 자연과 벗하면서 긴 세월을 살아왔다. 세상욕심을 버리고 학문과 문학에 정진했던 옛 선비들의 청정한 삶을 배울 필요가 있다.

예의와 규범을 생활의 덕목으로 삼아 흐트러짐이 없었던 그들이었다. 지금은 낡은 유물인 양 우습게 여기고 실리와 출세만을 생각하는 많은 사람들이 때론 불쌍하다는 생각이 든다. 세월은 흐르고 세상은 각박해져도 사람을 존중하며 올곧게 살아가는 마음은 변하지 말아야 한다. 붕어빵을 먹으며 생각할 수 있는 여유가 있음이 얼마나 행복하고 아름다운가. 더 좋은 기억과 보람 있는 자원봉사활동을 통하여 시간이 지나도 잊혀지지 않는 붕어빵 같은 추억을 만들어 가고 싶다 (2010.2.2.).

2. 창조적 생각을

　글로벌 시대와 다양성 시대에는 창조성의 개발이 매우 중요하다. 창조적 사고와 발상은 제도와 생활을 변화시킬 수 있다. 창조적 사고는 기존의 인식에서 벗어나 새로운 시각에서 접근하는 것이다. 그러므로 사물과 상황을 보는 관점이 달라진다. 똑같은 사물도 상황과 분위기에 따라서 느낌과 가치가 달라지게 마련이다.

　다양한 얼굴만큼이나 접근방식이 다르며 이를 통하여 새로운 아이디어와 방안을 찾아내게 된다. 긍정적인 변화일 때에 발전되고 번영하게 된다. 부정적인 변화가 이루어지면 창조의 역기능이 되어 퇴보하게 된다. 그래서 긍정적인 사고를 실천할 수 있는 올바른 행동을 요구하고 있다.

　알고 있거나 인지하고 있음에도 태만으로 실천하지 못하는 것은 돌이킬 수 없는 후회가 된다. 초음처럼 빠르게 변화하는 세상에서 항상 실수와 오판을 하지 않고 살아갈 수 있는 것도 창조적인 사고가 뒷받침할 때에 가능하다. 올바른 판단이 서면 즉시 실천하는 적극적인 자세가 필요한 때다.

　개인도 사고에 따라서 창조적인 사람이 될 수 있고 퇴보적인 사람이 될 수 있다. 누구나 소유하고 있는 창조성을 외면하거나 무시하면 삶이 궁핍해지고 생활의 가치가 무의미해질 수밖에 없다. 사회는 창조성을 요구하며 이를 위한 연구와 발상의 전환이 절실하다. 창조성은 직접적인 창작활동을 하는 예술가를 비롯해서 누구에게나, 어느 영역에서나 필요하다. 개개인의 노력과 의식에 따라서 창조성의 발현은 달라지게 마련이다.

예술가가 새로운 아이디어로 발상의 전환을 하여 작품을 만들면 그것이 창조성이 된다. 고 백남준 씨의 행위예술이 60~70년대 세계 사람에게 큰 충격을 주었다. 피아노를 해머로 부수는 장면 등이 그러했다. 사람은 본질적으로 창조의 본성을 갖고 있으나 실천에는 매우 미온적이다.

대자연의 이치 속에 변해 가는 원리를 창조성으로 개발할 때에 삶의 형편이 나아질 수 있다. 이를 의식적으로 외면할 때에 우리는 창조성의 부족과 결핍을 느끼게 된다. 잠재된 창조력을 발현시키는 방법을 교육시켜서 실천해 가므로 우리 사회는 발전되게 마련이다.

아동과 청소년들에게 창조적인 사고와 경험을 하도록 교육시키며 기회를 제공해 주는 일이 매우 중요하다. 신경생물학자들은 창조성에 대하여 "아주 많이 밝혀졌고 동시에 거의 밝혀진 점이 없다"라고 한다. 창조성의 무한성을 이야기하고 있는 것이다. 마치 우주 공간에서 별들을 헤아리는 것처럼 무수한 창조성이 우리들 사이에 존재하고 있다.

다만 어떤 사람은 이를 활용하고 어떤 사람은 이를 외면하고 있을 뿐이다. 우뇌의 기능이라는 학설은 지금까지 널리 받아들여지고 있고 이를 연구한 사람이 노벨상을 받았다. 최근의 뇌 연구 결과는 우뇌뿐 아니라 좌뇌와 대뇌변연계(감성 기능 관장)도 종합적으로 작용하는 것임을 밝혀냈다.

창조적 사고는 사물을 '습관적으로 보지 않는 것'에서 시작한다. 기존의 시각이나 관념에서 벗어나 다른 측면에서 생각하고 보는 것이 바로 창조성이다. 기기나 물건을 사용할 때 다른 새로운 방법을 모색하면 그것이 바로 창조성이다. 사물을 다르게 볼 수 있는 눈과 모호함에 대한 관대함 등은 창의적인 사람들의 특징이다. 맏이나 외둥이에 비해 막내로 내려갈수록 더 창의적이라고 한다.

상식적인 관습이나 규범을 탈피하여 사물과 세상을 보고 생각하기 때문이다. 형제 중 순번이 뒤로 갈수록 의존적 성향이 줄어 혼자 노는 방식을 찾게 되는데 이를 통해 새로운 시각을 갖게 된다. 창조성이 첫째나 위의 형제보다 뛰어나게 되는 이유다. 놀이, 학습 등 일상적인 것을 자신이 알아서 처리하거나 해결해 가도록 주변 환경이 조성되기 때문이다. 뇌가 유연하게 창의성을 잘 발휘하도록 하려면 뇌에 새로운 정보 자극을 제공해 줘야 한다. 뇌는 전 생애에 걸쳐 신경세포의 새 가지를 뻗어 나가며 시냅스를 만들므로 뇌의 개발 가능성은 무한대라고 할 수 있다.

뇌를 많이 사용하는 사람이 창조적 사고가 높아질 수 있다. 창조성이 작동되는 순간은 대상에 관심을 갖고 집중하는 순간이다. 관심과 집중은 창조성에 발동을 거는 열쇠라고 할 수 있다.

어떤 고민과 고통으로부터 자유로운 상태에서 새로운 사고를 하는 일이 중요하다. 창조적 아이디어가 필요할 때는 책상에 앉아 머리를 쥐어짜는 대신, 연인을 그리듯 업무 아이템에 진정한 관심을 기울이고 집중하는 것이 기본자세이다. 사고하는 내용에 대해 집중하는 노력이 기본이다. 관념적이고 답습적인 사고와 시야에서 벗어나 다른 각도와 차원에서 생각하는 것이 창조성의 접근방법이다.

어떻게 보면 가치에 기반을 둔 다양한 생각이라고 할 수 있다. 프랑스의 저술가 에르네스트 디므네의 저서 『창조적 사고』에서는 고도의 집중력과 사고력을 높일 수 있는 것이 창조력이라고 강조한다.

사실보다는 조금이라도 자신을 돋보이게 하고 싶다는 욕망이야말로 지성이다. 쓰는 것은 창조적인 사고 방법의 가장 유력한 수단이다. 인간은 사는 동안 항상 새로운 관점을 추구하며 변화되는 양태를 만들면서 살아가야 한다. 그러기 위해서는 창조적인 생각을 하고 변화하는 세상을 긍정적으로 보면서 살아가는 현명함이 필요하다. 창조적 사고로 자신의 행복을 창출하고 사회를 발전시킬 수 있는 삶을 살아가야 한다(2010.2.3.).

3. 거문오름을 오르며

집에서 청주공항까지 시외버스를 타고 50분을 달려갔다. 아직도 논과 산이 평화롭게 보이는 여유 있는 공간이 마음에 안정을 준다. 번잡한 도시에서 생활하다 가끔 교외로 나가면서 느끼는 혜택이다.

대전과 청주는 이제 일일생활권이 되었지만 청주를 올 일이 없어 몇 년에 한 번씩 오게 된다. 이번에는 제주도에서 개최하는 회의에 참석하기 위해서 청주공항을 찾게 되었다. 썰렁하고 텅 빈 시골공항 같은 풍경의 청주공항은 연간 수백억 원씩 적자를 내면서 운영하는 실체를 볼 수 있었다. 말이 청주공항이지 실제는 주변이 완전한 시골 풍경이다.

정치논리를 벗어나 이용자가 많은 대전 부근에 공항을 건설했으면 이렇게 큰 적자는 안 볼 것이다. 이런저런 생각을 하면서 제주행 비행기에 몸을 실었다. 제주도에 여러 가지 일로 일 년에 한두 번씩 찾아가는 곳이다. 공항에서 시내버스를 타고 40분 정도 가니 제주대학교 정문 앞에 도착하였다.

약간의 눈발이 휘날리는 제주대학교 교정을 걸어서 대학 게스트하우스에서 여정을 풀었다. 일반호텔 수준으로 잘 꾸며진 시설이 마음에 든다. 침대, 요리시설, 편의시설, 화장실 등이 너무 정결하고 고급스럽다. 하루 머무는 데 4만 3천 원이란 매우 저렴한 가격이다. 다음에는 부인과 함께 와야겠다는 생각이 든다.

회의를 마치고 장어구이로 저녁식사를 하였다. 물론 한라산 소주도 곁들였다. 한라산 소주와 나누는 제주도 이야기가 퍽이나 마음을 정답게 해 준다. 일배 일배 부일배라 마신 술이 기분을 좋게 하고 많은 이야기를 쏟아 내며 분위기를 살린다. 항상 술은 사람에게 넉넉한 이야기와 피로를 풀어 주어서 좋다.

모처럼 한가한 밤을 보내고 다음 날 9시에 우리나라 최초의 유네스코 지정 세계자연유산인 거문오름을 오르기로 했다. 문화해설사의 설명을 들어가며 거문오름을 오르기 시작했다.

1960년대 군사정권이 사방공사라는 미명으로 심은 삼나무가 반세기가 가까워지자 아름드리 나무로 자라나서 마치 이국에 온 기분이 든다. 질퍽한 땅을 밟으며 산길을 오르기 시작하였다. 거문오름은 용암 동굴계를 형성한 모체다. 일본에 많이 식재되어 있는 삼나무가 이곳 제주도에서 자라고 있었다. 이 지역이 유네스코 문화유산으로 지정되자 관리와 출입이 엄격하게 관리되고 있어 다행스럽다는 생각이 든다.

핵심지역 내 농업활동이 금지되어 자연 상태를 보전하기 위한 노력이 철저하다. 완충지역 관리 기준이 있어 차등을 두어 적용하며 관리한다. 북 오름 동굴군의 완충구역 재조정이 제기되고 있는 곳이다. 이 또한 철저한 관리를 위한 방법이다.

동굴의 개방 여부는 최대 관심사로 후손에게 물려주기 위해 '미개방' 상태로 보존해야 한다는 입장과 정밀 진단을 통한 일부 '제한적 개방' 필요성이 맞서고 있으나 나는 전자에 동의한다.

십여 개의 오름을 문화해설사의 이야기를 들으며 올랐다. 오름 아래의 풍경을 감상하고 주변의 자연경치에 감탄이 절로 나온다. 5·16군사정부가 심어서 자연의 생태계를 파괴시킨 삼나무 일부를 베어서 원래의 모습으로 복귀하려는 노력이 눈이 띈다. 산은 천혜적인 상태에서 자연적인 원리가 이루어져서 전통적인 자생나무가 자라나야 한다.

한라산 천연보호구역의 경우, 등반 코스별 테마화 등 체험 프로그램 활성화, 거문오름 용암 동굴계에 대한 동굴 관광 및 미개방 동굴 영상관 조성, 성산일출봉 응회구에 대한 체험 프로그램 개발 및 해녀, 해양레저스포츠 연계 개발 사업 등이 추진되고 있다. 마지막 오름을 내려올 때에 넓은 갈대밭에 초소가 하나 있다. 무단입산자를 통제하고 산불을 방지하고 오름을 보호하기 위한 역할을 한단다.

특히 거문오름 용암 동굴계 국제트레킹은 이미 새로운 생태관광 상품으로 개발하여 7월부터 본격적으로 운영한다. 유산자원 연계 계획으로 도보탐방코스와 캠프 운영, 기념품 발굴 등 공동상품 개발, 한중일 세계자연유산 박람회 개최 등이 제안되었다. 설립될 세계자연유산센터는 국내 최초 등재를 기념하는 상징적 공간이자 제주의 위상을 제고하는 통합 네트워크 센터 역할을 담당한다. 앞으로 교육과 연구 그리고 전시 등 기능이 계획되고 있다.

유산지구 내 핵심지역 토지는 친환경 경관작물을 재배한다. 부안 생태자연공원 및 일본 사이보쿠 농업공원(농업디즈니랜드) 사례를 도입한 자연·생태 공원화, 동굴 환경 유지를 위한 생태계 복원 등 활용방안이 검토되고 있다. 문제는 거문오름의 자연 상태를 보존하면서 문화 활동과 연계되고 통합된 정책시행이 중요하다. 자연 상태의 보전에 국민들의 참여와 노력이 뒤따라야 한다.

천혜의 상태를 진지하게 보고 체험하므로 우리의 자연유산에 대한 관심과 사랑이 커 갈 수 있다. 세계자연유산 등재와 함께 지역사회 주민의 소득 향상을 통한 도민이익 극대화가 매우 중요하다. 세계자연유산 지역 마을의 주민 소득은 물론 전체 도민에게 그 혜택이 돌아갈 수 있도록 정책 사업들을 발굴하고 지속적으로 추진해 나가려는 방안을 모색하여야 한다.

마을주민들의 지대한 관심만큼이나 '세계자연유산'의 브랜드 경쟁력을 갖고 있는 거문오름임을 인식하여야 한다. 따라서 '보존'과 '관광소득 창출'의 고민에서 벗어나 미래와 문화를 중시하며 원형 보전에 최선을 다하려는 노력이 절실하다. 제주의 거문오름은 우리의 자긍심과 천혜에 대한 감사함을 만끽할 수 있는 아름다운 터전임을 잊어서는 안 된다.

후일 소중한 사람과 다시 찾을 때에 새로운 생각이 날 것 같은 아쉬움을 뒤로한 채 공항으로 향한다. 다음에 거문오름을 찾을 때에는 제주 주변의 토속적인 풍경이 활기를 찾고 자유로운 이동이 보장되어야 한다. 그러기 위해서는 성숙한 시민들 속에 자유로운 통행이 이루어지고 자연의 숨결이 보호되어야 한다(2010.2.5.).

4. 비 오는 날의 할머니 생각

요즈음은 일기예보가 정확하게 맞는다. 어제부터 내리던 비가 오늘 아침에는 진눈깨비로 변해 내린다. 입춘이 지난 지 일주일이 되었으니 큰 추위는 물러갔다. 그러나 음산하기는 매한가지다. 아직은 따뜻한 방과 난로가 필요한 시간이다. 생전에 할머니는 이런 날씨를 어설프다고 말씀하셨다. 일상의 곳곳에서 묻어나는 할머니에 대한 추억과 그리움을 찾아보는 일은 아름답다.

1960년대 초 아이들이 즐겨 먹는 유일한 과자였던 박하사탕, 물들인 분홍 사탕 등을 할머니는 잔칫집에서 구해서 속옷 바지주머니에 넣어 가져와 손자들에게 주셨다. 할머니는 애연가여서 담배를 속옷 바지 주머니에 넣고 다니셔서 담배와 약간 녹은 사탕이 뒤범벅이 되었다. 대강 담배를 떼어 내서 먹으면 담배 냄새 때문에 뱉어 버리고 만다. 말썽을 피워서 아버지가 회초리를 들고 때리려면 큰소리로 울어 댄다. 할머니가 손자의 울음소리를 듣고 단숨에 달려와 막아 주셨다. 어느 날 할머니가 보이지 않아서 울지 않고 그냥 아버지의 매를 고스란히 맞은 적이 있다. 수없이 많은 할머니와의 추억은 아름답게 가슴속 깊이 머물고 있다.

아무래도 비보다는 눈이 정겹고 마음도 밝게 해 준다. 비도 눈도 아닌 진눈깨비는 공연히 마음을 심란하게 해 준다. 정체성 없이 왔다 갔다 하는 중심 잃은 사람처럼 오늘 날씨가 그러하다. 청소년은 판단의 가치기준이 확립되지 않고 접근하는 방법이 매우 제한적이고 경험부족으로 오판을 하게 된다.

　음산하고 우울한 기분을 만들어 주는 비 내리는 오후다. 우라지게 비가 내린다던 할머니 표현이 생각난다. 반갑지 않은 비, 오지 말아야 할 비가 내리는 것을 일컫는 말이다. 무더위에 대지가 갈라지고 온몸에 땀이 뒤범벅일 때에 내리는 한줄기 소낙비는 시원하고 고맙다. 봄날을 문턱에 두고 추적추적 내리는 비는 반갑지 않다. 활동하는 데 지장을 주기 때문이다. 환호하며 비를 맞는 농부의 기쁜 모습은 넉넉하고 행복이 넘쳐흐르는 것 같다. 옛날에는 집에서 김치전을 부쳐 먹고 막걸리를 마시면서 이런저런 이야기를 나누면서 비 오는 궂은 날을 보냈다. 김치전 먹는 재미와 이야기 듣는 재미가 있어 비 오는 날이 싫지 않았다.

　이웃집 아저씨는 구수한 입담으로 군대시절 이야기를 끊임없이 쏟아 낸다. 6·25전쟁 당시 철모 옆을 번개처럼 지나가는 총알이 비껴갔다는 등등의 전설 같은 이야기가 많았다. 소대장의 헌신적인 죽음과 그 죽음에서도 끝까지 군인정신을 지키기 위해서 증명서를 손수 땅에 파묻고 죽음을 맞이했다는 감동적인 이야기도 이어졌다. 지금은 고인이 되어 저승에서 전쟁이야기를 하고 있을 것 같다.

　입담 좋은 아주머니는 호랑이와 귀신이야기를 자주 들려 주셨다. 지금 생각하니 아는 이야기가 그것뿐이었던 것 같다. 이야기의 수용 매체나 창조적 사고의 한계여서 그런 것 같다. 지금 같으면 텔레비전에서부터 인터넷까지 떠도는 이야기와 시장에서 주워들은 이야기가 끝이 없었을 것이라고 생각해 본다.

그 아저씨 딸이 내 또래였다. 아버지와는 딴판으로 잘 울며 공부와는 담을 쌓았고 이야기도 즐겨 하지 않았다. 지금은 어디에서 사는지 소식 끊긴 지가 오래다. 관개시설이 매우 부족했던 옛날에 비는 사람의 생활과 긴밀했다. 흉년과 풍년을 비가 결정했고 학생들의 등교문제도 비가 결정했다. 비가 많이 오면 학교에 가지 못한다. 우산이 귀해서 비를 맞고 학교에 가기가 일쑤였다. 지금은 흔한 것이 우산이나 옛날에는 콩기름을 입힌 지우산이 유일했다. 지우산을 쓰고 비를 피해서 학교에 갈 수 있었던 것도 다 부모님의 덕이었는데, 그때는 그것을 알지 못했다.

내가 초등학교 1학년 때에 어느 여름날, 장마가 나자 동네 할머니가 내 가방을 들고 내 손을 잡아서 조그만 개울을 건너 주셨다. 그때 할머니 동작이 어둡고 느려서 내 가방을 냇가에 빠뜨렸다. 나는 동네 할머니를 원망하며 할머니 때문에 가방이 빠졌다고 떼를 썼다. 할머니가 얼마나 미안하고 난처했었던가, 지금 살아 계시면 옛이야기 하며 맛있는 음식이라도 대접해 드리고 싶다.

가뭄과 무더위에 시달리다가 비가 내리면 그렇게 고마울 수가 없었다. 무더위를 식혀 주고 시든 작물에 넘치는 생명력을 불어넣어서 싱싱하게 자라나는 모습이 너무나 경이로웠다. 옛날에는 국가 차원에서 가뭄이 들면 기우제를 임금이 지냈던 일을 생각할 수 있다. 자연에 의존하며 모든 것을 하늘의 뜻으로 생각하며 빌고 빌면서 소망이 이루어지길 바랐다.

청결함과 진실함으로 자연의 위력에 적응하면서 겸손한 삶을 살아왔다. 동지섣달 추운 밤 열두 시에 찬물로 머리 감고 정화수 한 그릇 장독대에 떠다 놓고 손자들 앞날을 진심으로 기원하며 천지신명께 빌고 빌었다. 할머니의 그 정성스러움이 하늘을 감동시켰는지 손자 6명, 손녀 1명이 건강하게 사회의 동량으로 각자가 열심히 일하고 있다. 모두 할머니의 은덕이라고 생각하고 싶다.

사랑은 내색하지 않고 항심으로 기원하는 마음과 몸임을 나는 할머니를 통해서 알게 됐다. 다른 사람이 있거나 말거나 마음속에는 항상 손자에 대한 끝없는 사랑과 잘되기를 비는 마음뿐이었다. 평생 삶의 가치와 목표를 손자사랑에 두고 사셨다.

하찮은 들풀마저도 새봄이 오면 새싹을 내미는데 돌아가신 할머니는 집에 돌아올 생각을 하지 않는다. 봄비 속에 할머니의 소식이 왔으면 좋겠다. 물론 지금쯤 빛의 나라에서 편안하게 영생을 누리시고 계시겠지만 그리움은 사라지지 않는다. 세상천지가 할머니의 가르치심과 마음이 없는 곳이 없다. 봄볕을 쪼이면서 그리운 할머님을 생각하고 흠모할 수 있음도 할머니께서 주신 고마움 때문이다. 시냇가의 버들개지가 물을 빨아올리기 시작한 듯 푸른빛을 띠는 생명의 경이로움에 숙연해진다.

하루가 다르게 윤기를 더해 가는 버들개지는 이른 봄의 전령사로 부족함이 없다. 봄, 여름, 가을, 겨울의 사계절이 변화하는 우리나라의 천혜적인 기후를 나는 좋아한다. 그중에도 새싹을 잉태하고 키워 가는 봄의 시간이 제일 좋다. 아름다운 봄날 고운 꽃을 피우기 위해서 싹을 틔우는 꽃씨처럼 알찬 생활을 통해 자아실현을 추구해 가기 위한 마음가짐을 다짐해 본다. 궂은비 오는 날에 사랑하고 그리운 할머니를 생각할 수 있음이 감사할 뿐이다(2010.2.11.).

5. 꽃샘추위

　꽃망울을 터트리는 아름다운 시간과 동토를 녹이며 새싹의 꿈을 키워 가는 봄을 시샘하는 늦추위가 코트 깃을 세우게 하고 손을 호호 불게 한다. 지난해는 예전에 비해 많은 눈이 내리고 매서운 추위가 없는 사람을 고달프게 한 해였다. 가진 것 없는 사람들에게는 추위만큼 무서운 것은 없다.

　긴 동토의 시간을 보내고 드디어 첫 봄날을 맞이하면서 따스함과 화려함을 생각하고 즐길 여유도 없이 꽃샘추위가 닥쳐온다. 우리의 일상생활에는 호사다마가 있게 마련이다. 추위가 물러가고 생명을 키우는 따스한 새봄이 오는데 꽃샘추위쯤이야 견딜 수 있지 않는가를 생각하게 한다.

　겨울에 비하면 춥지 않은 날씨인데도 봄이라는 기분을 느끼다가 맞이하는 찬바람이기에 더 추워 보인다. 갓난아이와 노인에게는 한겨울 같은 느낌이 들 것 같다. 세상만사가 쉬운 것이 없듯이 새봄 오는 것도 어려움을 동반하나 보다. 며칠 포근해지던 날씨가 갑자기 기온이 내려가서 꽃봉오리를 움츠려 들게 한다.

　집 울안의 동백꽃은 이미 붉은 꽃을 활짝 피워 노란 꽃술을 내밀고 있다. 마치 어린아이 돌날에 입은 새 옷 옷고름에 달아 주던 장신구 실밥 같은 정이 간다. 본질적 가치를 추구하는 아름다운 것은 자연적인 것이나 인공적인 것이 같은 것 같다. 꽃술과 어린아이의 장신구에는 미움이나 질투가 없는 순수함과 소망만 있고 미움과 시기 같은 것이 없다.

수도자가 역경의 시간을 인내와 자성으로 승화시켜서 도인의 경지에 이르면 생사회복을 통합하여 인식하듯이 꽃샘추위가 지나가면 온 세상이 따스한 봄꽃으로 만발할 것이다. 강추위가 오기 전인 1월에 내밀었던 몇 송이 꽃들은 얼어서 시들었던 동백이기에 고운 눈길이 더 쏠린다.

예전에 순진한 산골 아가씨가 처음 본 젊은이와의 짧은 만남을 첫사랑으로 느끼고 평생을 가슴에 묻고 살아가듯이 동백꽃도 따스한 첫 햇살에 가슴을 열어젖힌 것이 꽃잎을 얼게 한 모양이다. 그 후 고난과 역경을 이겨 낸 동백꽃의 모습은 성공한 소년소녀가장의 자랑스럽고 당당함처럼 보인다.

꽃샘추위는 해마다 첫봄이 오는 길목에서 한겨울을 지배하던 차가운 시베리아 고기압이 쇠퇴하다가 갑자기 다시 확장되면서 날씨가 추워져 한파를 되돌리게 한다. 가는 추위가 너무 아쉬웠던 모양이다. 꽃샘추위는 거리의 포장마차 주인에게는 손님을 끌게 하여 매우 고맙고 반가운 일이다.

행인의 춥고 출출한 배를 따끈하게 채워 주는 포장마차의 어묵 국물이 일품이다. 꽃샘추위로 감기에 걸리는 사람들은 다가오는 봄이 야속할 것이다. 면역력이 약해진 청소년들이 많이 걸리는 환절기 감기 예방을 위해서 지속적인 운동과 규칙적인 식생활이 어느 때보다도 필요한 때이다.

겨울을 이겨 낸 화분을 일찍 밖에 내놓는 부지런한 사람들은 큰 낭패를 보게 되는 때가 꽃샘추위이다. 추위에 약한 꽃들은 얼어 죽게 되어 겨우내 실내에서 관리했던 정성이 한순간 수포로 돌아가게 된다. 대체로 3월 7일 이후는 점차 봄기운이 완연해지나 3월 25일경에는 다시 추워진다.

꽃샘추위는 오래 지속되지 않지만, 이로 인해 사람들이 움츠러들고 겨우살이를 한 식물이 피해를 입게 된다. 따뜻해진 날씨 중에 불현듯 추위가 닥쳐오기 때문에 생활에 각종 피해를 입히는 경우가 많다. 그러나 꽃샘추위는 아무리 추워도 장독을 깨거나 동상에 걸리게 하지 않는다.

일상생활을 하는 데 추워서 불편을 느낄 뿐이다. 4월 10일과 18일에 벚꽃이 필 무렵에도 마지막으로 한 차례의 꽃샘추위가 몰려오기도 한다. 완연한 봄날의 따사로운 햇살 속에 꽃샘추위도 맥을 못 추게 된다. 꽃샘추위 속에 해야 할 일이 있다. 돌아가신 어머니께서 사 주신 450평의 밭에 반송, 호두나무, 매실나무, 대추나무, 금실 측백나무, 블루베리 등을 심는 일이다.

현장에서 보니 꽤나 넓은 밭이다. 이곳에 상록수와 몇 가지 과실나무를 심어서 아담한 농장을 만든다는 것은 매우 의미 있는 일 같다. 집사람이 타던 자동차를 팔아 그 돈으로 나무를 심자고 했기 때문이다. 반송은 예쁜 아가씨의 단발머리처럼 전지를 해서 가꿔야 제 모양이 나며 값이 나간다. 호두나무와 대추나무는 거의 전지를 해 주지 않아도 열매를 맺을 수 있는 특성이 있어 다행이라는 생각이 든다.

옛날에는 호두와 대추는 매우 귀한 과일로서 제사 때나 한약을 지을 때에 사용했던 귀한 과일이다. 지금이야 흔해서 아무 때나 손쉽게 먹을 수 있지만 예전에는 그러지 못했다. 시골에 살던 친척아저씨가 배낭에 대추를 한 가방 가져왔던 어린 시절에는 대추만큼이나 마음이 풍요로웠다.

당초에는 밭을 주말농장으로 활용할 계획이었으나 집에서부터 자동차로 50여분 거리여서 시작이 쉽지 않았다. 오래 묵힌 밭은 밭이 아니었다. 온갖 풀씨와 나무까지 뒤덮인 밭은 어디서부터 어떻게 손을 대야 할지 엄두가 나지 않았다. 후배의 도움으로 면사무소직원이 나와서 그 많은 풀과 잡목을 태운 뒤 밭갈이를 하니 그제야 밭 꼴이 되었다. 특히 지난해에는 유례없이 비와 눈이 많이 왔다. 평년의 다섯 배 정도가 많이 와서 대지는 항상 촉촉하게 젖어 있어 나무 심기에 적합하다. 꽃샘추위를 이겨 내고 나무를 심는 마음이 여유롭고 진정으로 평화롭다.

마치 아름다운 한 송이 꽃이 가슴에서 피어나는 기분이 든다. 꽃샘추위는 벗어 놓았던 바바리코트를 다시 입게 해 준다. 바람을 맞으며 정다운 친구와 이야기를 나누며 오솔길을 걷는 일도 즐거운 일이다.

추위가 느껴지면 포장마차 집에 들러 어묵 안주에 소주 한잔 마시는 멋은 꽃샘추위가 가져다주는 혜택이다. 밤이면 창문을 두들기는 바람에 기다리는 사람의 발자국 같은 착각에 빠져 보기도 한다. 아무리 꽃샘추위라도 다가오는 봄의 소망을 훼방하지 못할 것이다. 봄의 따사로움과 희망의 빛이 모든 추위와 외로움을 녹여 줄 수 있기 때문이다(2010.3.9.).

6. 봄이 오는 소리

봄이 오는 소리를 듣는다. 희망이 넘치는 은은하고 찬란한 가슴 설레는 소리다. 봄은 잉태한 새 생명을 분만하면서 빠르고 바쁘게 대지 위로 달려온다. 따뜻한 햇살과 함께 오기에 정감이 더 간다. 두터운 외투를 벗기고 얇고 가벼운 외출복으로 갈아입게 한다. 움츠렸던 가슴도 펴고 밀렸던 일도 산뜻하고 말끔하게 해치운다.

봄은 인간의 사고와 생활에 커다란 변화를 가져다주기에 아름다운가 보다. 세 시간 정도 봄나들이를 한 후에 차분한 마음으로 펼쳐진 책을 읽는 마음은 말할 수 없이 평화롭다. 도심의 소음이 멈추는 조용한 도시의 산속에서 봄 소리를 들을 수 있음은 커다란 축복이다. 시간이 날 때마다 부인과 찾아가는 곳이 집 뒤에 있는 도솔산이다. 도솔산을 찾으니 복잡한 도심의 소음이 멈추고 숨을 쉬면 공기의 상쾌함을 느끼게 된다.

나직이 흐르는 골짜기의 물소리가 미세하게 들린다. 갓 태어난 어린 아기가 숨 쉬듯 차분하고 조용하다. 흙탕물도 송사리도 없는 낙엽 사이를 맑고 깨끗한 물이 졸졸 쉬지 않고 흐르니 자연의 위대한 생명력을 엿보는 듯하여 즐겁다. 멈추지 않고 흐르는 산속의 도랑물은 주변 나무를 한층 푸르게 키워 줄 것이다.

뿌리를 적셔서 수분을 공급해 주니 부족함이 없다. 항상 산에 오면서 느끼는 것이 다양성과 넉넉함이다. 여러 종류의 풀과 나무가 그러하고 이들과 더불어 살고 있는 곤충과 벌레가 그러하다. 부족함이 없도록 품고 있는 흙, 돌, 바람, 물이 소중할 뿐이다. 이들은 인간처럼 결코 경쟁하지 않고 함께 어울려 살아간다.

어느 산사에 사는 수도승의 이야기가 기억난다. 강원도 깊은 산속에서 살다 보면 바람소리, 짐승소리, 새소리를 자연스럽게 듣게 되는데 어느 짐승이며 어느 새인지를 분별하게 된단다. 사람의 능력은 환경에 따라서 예민하고 정확하게 적응되는 것이다. 이 짐승이 눈 내린 산골의 오두막을 찾아온 마음도 헤아린단다. 그래서 때로는 먹이를 뿌려 준다는 수도승의 넉넉한 마음이 아름답다. 산길 가운데 개망초가 자라서 아침 길에 옷을 적시게 되어 부득이 개망초 풀을 뽑아내며 '여기는 네가 있을 자리가 아니라며' 미안해하는 참생명에 대한 사랑이 얼마나 큰가를 생각하면 가슴이 뜨거워진다. 사소한 이해관계와 욕정으로 사람을 죽이고 심지어는 친부모를 살해하는 끔찍한 세상 뉴스를 보며 사는 우리에게 산사의 도인이 주는 충격적인 감동은 헤아릴 수 없다. 만물의 존재 가치와 의의를 깊이 생각하고 감사할 줄 알아야 한다.

대도시에서 십 분만 걸어 나오면 이 같은 대자연의 숨소리를 들을 수 있음이 얼마나 고마운 일인가 생각해 본다. 산속의 풀 한 포기, 나뭇잎 하나가 더 사랑스럽고 소중하며 애착이 간다. 시인이 있다면 아름다운 시어를 줍기에 충분한 환경이다. 계곡 옆에는 버들개지가 눈을 부릅뜨고 봄노래를 부를 것 같은 기상이다. 어느새 털이 보송보송

한 새 눈을 키웠는지 버들개지가 눈을 즐겁게 해 준다.

자연의 순리는 변치 않고 사람의 마음속에 봄노래를 들려준다. 예전에는 미처 느끼지 못했던 자연의 숨결과 모습을 볼 수 있음은 나의 여유롭고 아름다운 생활의 변화인가 보다. 자연에 감사하고 돌아가신 부모님께 고마운 마음을 드린다. 부모님께서 사 주신 집에서 봄이 오면 작은 정원을 손질하며 살기에 이웃한 도솔산을 자주 오를 수 있다.

거리가 좀 떨어져 있었다면 아무 때나 산에 오를 수 없었을 것이다. 하루가 다르게 변하는 봄의 소식을 전해 주는 나뭇가지며 계곡의 물소리가 정겹다. 아름다운 봄을 맞이하기 위해서 아침부터 내리기 시작하던 비가 그치고 오후가 되더니 일기예보처럼 맑은 하늘에서 햇볕을 쏟아 낸다.

오후 5시에 집사람과 20cm 정도 되는 현미로 만든 가래떡 구운 것과 홍삼 엑기스 한 컵으로 저녁식사를 한 후에 도솔산에 올랐다. 산길 옆 나뭇가지마다 수액을 빨아올리는 생명의 소리가 들리는 것 같다. 수험생이 밤새워 공부를 하고 자신감 넘치는 모습으로 시험장으로 들어가는 것과 같은 느낌이다.

사람은 마음먹기에 따라서 분위기와 사물을 보는 시각이 달라지나 보다. 계곡을 흐르는 옅은 물소리가 정겹고 만져 보고 싶은 마음에 손을 담그니 상쾌함이 온몸에 퍼진다. 봄이 아니어도 변하는 계절은 항상 신선함을 주어 좋다. 시간은 봄을 부르고 봄이 대지 위의 모든 생명에 생기를 불어넣어 주는 시간 속에 내가 있음이 얼마나 감사하고 아름다운 세상인가를 절감해 본다.

나무와 풀들의 새순 뻗는 꿈이 반드시 이루어지길 바라며 산길을 걸어간다. 물론 해마다 돌아오는 봄이지만 금년에 맞이하는 새봄은 좀 더 힘차 보이고 소중해 보인다. 마음의 평안함과 여유에서 오는 성숙의 결과인 것 같다.

가을날에 탐스럽게 익어 가는 과실에서 향기를 맡으며 즐거워하듯이 나는 봄날에 내일의 소망과 기대의 향기를 맡을 수 있어 행복하다. 따스하게 살금살금 다가오는 금년의 봄엔 어려운 사람들에게 더 따뜻한 시간을 만들어 줘야겠다고 다짐해 본다(2010.3.15.).

7. 봄눈 녹듯이

　어제저녁 평택에 15cm가량의 폭설이 내렸다. 전국에 모두 눈이 내렸다는 소식이다. 평택 숙소를 나서자 아파트 앞마당 자동차 위에 쌓인 눈이 소담스럽다 못해 흘러내린다. 마치 모래성 같은 높이다. 마지막 봄눈이어서 새하얀 눈이 바람에 곧 날아갈 것같이 가벼운 모습을 띠고 있다.

　같은 눈인데 겨울에 내리는 눈은 매서운 북풍과 함께 강추위를 몰고 오지만 봄에 내리는 눈은 남녘의 훈풍과 새봄을 노래하기에 다르다. 시집가는 아가씨의 마음이 봄눈 같다는 생각이 든다. 한 줄기 햇살에도 바로 녹아 버리는 봄눈처럼 아가씨의 사랑스럽고 아름다운 마음이 청순하기 때문이다.

　거짓이라고는 찾아볼 수 없는 순수하고 정결한 소망만이 가득 찬 마음같이 말이다. 마지막 북풍도 남녘의 봄 소리를 외면할 수 없어 사르르 녹나 보다. 앙상한 나뭇가지며 길섶 가로수에도 하얀 눈이 쌓였다. 천지가 눈으로 뒤덮여 하얀 새 세상이 되었다. 오랜만에 느껴 보는 설국의 아름다움이다. 세상만사가 흰 눈처럼 맑고 깨끗했으면 얼마나 좋으련만 그렇지 않은 추악한 현실이 야속할 뿐이다.

흰 눈 같은 하얀 도화지에 그림을 그리듯이 세상을 새롭고 아름답게 살아가야 한다. 항상 욕심을 자제하고 남에게 베풀려는 마음을 갖고 살아가는 자세가 필요하다. 이것은 많은 인내와 수양을 통해서 이루어진다. 비움의 철학은 새로운 것을 채워 주어 삶을 충만하게 해 준다. 버리고 잊고 살아가는 지혜를 알아야 한다. 돈도 욕심도 명예도 버리는 텅 빈 자리에 찾아오는 넉넉함의 여유와 고마움을 알아야 한다.

잡다하고 수많은 생각과 마음을 수시로 정리하며 버리고 살아갈 때에 진정한 행복과 만족을 얻을 수 있다. 금전이 그러하고 욕심이 그러하다. 우리 민족을 백의민족이라고 부르는 것도 눈빛처럼 하얗고 깨끗한 마음을 갖고 살아왔기 때문인 것 같다. 인간이 순수와 진실을 추구하며 한평생 살아가기란 쉽지 않은 일이다.

욕심은 생기고 커지기 전에 버릴 줄 알아야 한다. 아름답고 하얀 눈이 아침햇살에 녹아 가는 모습이 아쉬워진다. 눈 녹듯 한다는 말의 의미가 눈앞에서 느껴지는 시간이다. 사람의 기분 나쁨과 미움도 봄날의 눈 녹듯이 말끔히 잊히면 얼마나 좋을까를 생각해 본다. 인간은 감정의 동물이라서 그렇게 쉽게 이해관계가 풀리지 않고 관계가 개선되지 않는다. 마치 유리그릇 같아서 한번 깨지거나 금이 가면 다시 붙이기가 불가능하다.

항상 오해 없고 사랑과 관용으로 감싸 안는 삶을 살아가야 한다. 쉽게 녹는 봄눈의 덧없음 같은 인간사를 초로에 비유하며 이야기한다. 기쁨을 가져다준다는 서설의 충만함이 오늘도 나에게 낭보를 전하는 일이 생겼으면 소망해 본다. 충청지방에는 눈의 무게를 견디다 못해 전신주가 넘어지고 인삼밭 볕 가림막이 붕괴됐다는 소식이다.

봄눈은 무게가 가벼운데도 워낙 많이 내려서 가림막이 무너지는 등 피해가 큰 모양이다. 날씨는 겨울 같지 않아서 춥지 않은데 사방 팔방으로 새하얀 눈이 쌓였다. 학교에 도착하니 교정의 작은 정원에 있는 소나무와 정자, 영산홍, 단풍나무, 벚나무에도 하얀 눈이 쌓여서 겨울정취를 북돋아 준다. 나는 그동안 많은 동양화를 보아 왔지만 소나무를 뒤덮은 흰 눈의 소담스럽고 아름다움을 만끽해 보기는 오늘이 처음이다.

세상을 저 눈처럼 깨끗하고 아름답게 살아가는 지혜를 터득해서 실천해 가야 한다. 가는 발걸음을 멈추고 한참 동안 설경을 감상하였다. 눈 말고 무엇이 세상을 이토록 희고 깨끗하게 만들 수 있을까 생각해 본다. 세상만사가 저 눈처럼 맑고 깨끗하고 앙금과 감정이 사라졌으면 얼마나 좋을까. 지나고 보면 아무것도 아닌 일이고 유치한 생각이 드는데 이로 인해서 엄청난 비용과 시간을 낭비하면서 오해를 하며 사는 것이 인간사다. 오늘의 깨끗한 눈을 생각하면서 금년 한 해를 보내야 하겠다.

마음에 저 맑은 흰 눈 같은 청순함이 부족하고 흙탕물 같은 어둠이 남아 있기 때문에 사람들은 다투고 갈등하면서 살아간다. 계절만은 어쩔 수 없어 봄눈은 한겨울에 내리는 눈과는 사정이 다르다. 춥지 않은 시간에 세상을 뒤덮은 흰 눈처럼 세상을 조용히 변화시킬 수 있는 지도자가 나왔으면 좋겠다. 사람이 함부로 버리고 쓰는 용품이 쓰레기를 양산하고 환경을 오염시키는 것도 이 하얀 눈의 모습을 망각했기 때문이다.

수양이 덜 된 사람일수록 하찮은 일에도 감정을 갖고 복수하려 칼을 가는 사람이 있다. 물론 사람의 성격에 따라서 다르겠지만 많은 사람들은 기분이 나쁘면 상대방을 헐뜯고 비난하기 일쑤다. 더러운 갖가지 모습을 새하얗게 뒤덮은 흰 눈처럼 공평하고 깨끗한 세상을 만들기에 열정을 쏟아야 한다.

봄눈은 햇살의 비춤과 동시에 사르르 녹아 버린다. 세상일이 잘 풀리고 해결되는 것을 봄눈 녹 듯 한다고 한다. 친구 간에 다툼이나, 이웃 간에 싸움이 있다가도 집안에 경사스러운 일이 생기면 함께 축하해 주며 기분 나쁜 감정을 털어 버린다.

우리 사회에 존재하는 희로애락을 어떻게 다스리느냐에 따라서 그 사람의 인격을 가늠할 수 있다. 서두르지 않고 조급한 마음을 누그러뜨리며 깊게 생각하고 긍정적이며 미래지향적으로 사고하여 여유롭게 행동하는 자세가 필요한 때이다. 새봄에 눈 녹는 모습을 보고 사람의 마음이 이처럼 나쁘고 악한 것을 잃어 버렸으면 한다(2010.3.17.).

8. 사반세기의 소망

아침 일찍 집사람과 논산에 있는 농장으로 향했다. 30년을 살아오면서 처음으로 하는 부부간의 노동 외출에 약간의 상기된 마음이 든다. 집에서 50분을 달려 농장에 도착했다. 방동저수지를 지나니 이곳에서 호수를 바라보면서 술잔을 기울였던 옛날이 그리워진다.

농장은 어제 맡긴 임부가 도랑을 만들고 잡풀을 태웠다. 그러나 아직 30평 정도의 잡풀을 태우지 못했기에 오늘 풀을 태울 계획이다. 밭 상단 부분에 있는 잡풀을 뽑고 태우는 일이 만만치 않을 것 같다. 그동안 미뤄 놓았던 밭에 나무 심기 준비를 하기 위해서다. 조금 지나면 나무에 새싹이 돋아 옮겨 심기가 어렵기 때문이다.

초임정치인이 대선배와 공천이나 선거전에서 경쟁을 할 때에 흔히 쓰는 말이 어린 묘목은 옮기면 잘 살지만 거목은 옮기면 죽는다면서 자신의 공천과 지지를 호소하는 것을 들은 적이 있다. 죽지 않을 어린 묘목을 심을 수 있어 다행이며 앞으로 잘 자라서 거목이 되길 바란다. 사람의 삶의 과정처럼 나무의 일생도 성장과정을 통해서 열매를 맺고 덩치를 키워 간다.

나무는 커 가는 모습에서 새 생명의 숨소리를 들을 수 있고 즐길 수 있다. 뭇 시인은 가을날 오동잎 지는 소리를 들으며 시어를 줍고 세월의 허망함을 노래하였다. 반면에 이른 봄에 피는 개나리와 진달래꽃을 보고 시를 지었다.

사람의 취향이 다르듯이 계절의 기호도 그런가 보다. 그러나 나는 꽃 피는 봄이 낙엽 지는 가을보다 더 소중한 시간이라고 생각한다. 그렇다. 시간은 덧없이 흘러가고 사람은 늙어서 자연을 찾아가게 마련이다.

나는 25년 전에 대구로 대학원 박사학위과정을 다닐 때에 우연히 서클 후배를 만나게 되었고 이야기 중에 주말농장이 화제가 되었다. 후배가 사는 논산시에 밭을 알아보기로 하여 농토매입이 진행되었다. 며칠 후 연락이 왔으나 돈 한 푼 없던 시간강사 시절이어서 어머니께 말씀드렸더니 선뜻 돈을 마련해 주셔서 토지를 매입하였다. 규모가 밭으로 450평이니 작지 않은 밭이다.

대도시 옆에 있는 중소도시 농촌지역의 밭이어서 비싸지 않게 살 수 있었다. 당시 350만 원을 준 것으로 기억한다. 막상 농작물을 심으려 하니 집에서 한 시간 안에 갈 수 있는 거리인데 쉽지 않았다.

매년 마음으로만 상추를 심어 물을 주고 뜯어다가 쌈을 싸 먹곤 했다. 가끔 교외에 나가 밭에서 아기자기 자라고 있는 채소를 보면 부럽기도 하고 미안한 마음이 들었다. 꿈의 농장으로 때론 풍요롭고 넉넉하였다. 작물을 재배하고 농산물을 생산하는 일은 낭만이 아니고 피땀 어린 정성과 노력이 수반되어야 한다.

우리 조상들은 농자천하지대본을 외치며 고생하는 농부를 위로했던 것이다. 하루가 다르게 쑥쑥 커 오르는 작물과 누렇게 익어 가는 열매가 보기는 좋지만 여기까지 얼마나 많은 사람이 정성과 땀방울을 쏟았는가를 생각해야 한다.

사반세기가 지나도록 일면식도 없는 농장 인근에 사는 사람이 우리 밭에다가 인삼도 심고 닭도 기르게 되었다. 주인 잃은 밭은 이렇게 이용되거나 방치되었다. 밭에 대한 미안한 생각과 어머니에 대한 송구스러운 마음이 가끔은 마음을 편치 않게 하였다. 그러던 중 집사람이 작년 말에 갑자기 자신의 승용차를 6백만 원을 받고 지인에게 팔았다. 이 돈으로 밭에 나무를 심겠다고 한다.

　　나는 동의했고 일이 진행되면서 어떤 나무를 심을까 생각하다 둘이서 합의 본 나무가 가시오가피, 매실, 대추나무, 호두나무, 반송이었다. 가시오가피와 매실은 건강식품으로 사용하고 대추나무는 약재와 간식으로 이용하며 반송은 정원수로 심기로 했다. 이 네 가지 종류의 나무는 해충의 피해가 적은 수종으로 키우기가 어렵지 않다. 집사람과 함께 문화원 문예활동을 한 친구로 나무와 약재에 대해 해박한 사람이 권유한 나무란다.

　　남에게 자신의 정보나 지식을 전해 주는 고마움을 생각하게 한 일이었다. 지난주에는 후배와 밭의 잡초에 불을 질렀다. 중국대륙을 거쳐 서해를 휩쓸고 오는 바람이 몹시 심하게 불어서 화재가 걱정이었다. 마침 면사무소에 신고해서 허락을 받아야 한다고 한다. 면사무소 직원 10명이 지켜보는 가운데 80% 정도의 밭에 난 잡초를 태웠다. 나머지 윗부분 20%를 태워야 밭을 갈 수 있다.

　　그래서 오늘은 그것을 소각시키기 위해서 집사람과 나는 아침 일찍 밭으로 갔다. 키가 크고 억센 잡목과 땅바닥에 단단히 자리 잡은 쑥, 갈대 등은 불길이 지나간 흔적만 있고 그대로 남아 있었다. 잡목과 갈대는 뿌리를 뽑아가며, 키 큰 풀대는 쑥밭으로 그러모아서 태웠다. 미안하지만 집사람은 밭쪽으로 벗어나는 잡목을 잡아야 한다며 그 넓은 밭 둘레에 빽빽이 우거진 잡목을 톱으로 자르고 뿌리를 뽑았다. 나는 밭에 남아 있는 잡풀을 손으로 뽑고 뽑은 풀을 밭 한가운데 모아서 불을 질렀다. 마치 공부 못하는 학생의 나머지 수업 같은 기분으로 남은 잡풀을 뽑았다.

서풍이 무척 심하게 불어와 불길이 50~60㎝를 치솟았다. 1미터쯤 떨어져 있어도 불길 때문에 뜨거움을 느껴 뒤로 물러서야 되었다. 어린 시절 겨울에 불장난을 하던 기억이 스쳐 간다. 논둑에 나뭇가지를 꺾어다 호호 불면서 쥐불놀이를 하던 즐거운 생각이 스쳐 간다. 지난 시간이 소중함은 재현할 수 없으며 재현한다 하더라도 그때의 과정과 분위기를 느낄 수 없기 때문이다.

해가 서녘으로 넘어갈 즈음 추위와 피로가 엄습해 올 때에 집사람과 나는 복합비료를 훌훌 뿌리기 시작했다. 농협에서 복합비료 네 포대와 유기질비료(퇴비) 네 포대를 팔만 사천 원을 주고 아내가 사 왔다. 밭 옆에 사는 아주머니가 오랜만에 굶주린 이야기를 나눌 친구를 만난 것처럼 반가운 듯 집사람과 부지런히 이야기를 나눈다.

불과 10분 만에 중요한 정보를 교환하고 서로 휴대전화 번호를 입력하여 앞으로 연락하기로 했단다. 도시에서 찾아보기 힘든 광경이다. 아직도 이야기를 나눌 사람이 그립고 소중함을 절감하는 농촌사람이 순진해 보인다. 사람은 사회적 동물로 누구와 대화를 나누면서 살아가야 하나 보다.

내일은 후배에게 부탁하여 포클레인으로 가장자리에 도랑을 만들고 모레는 트랙터로 밭을 갈고 일요일에는 바다와 나 그리고 집사람 세 명이 묘목을 사서 식재할 계획이다. 농협에서 사 온 복합비료 네 포대를 밭에 뿌렸다. 돌아오는 주말에 나무를 심은 후 비가 오길 바라며 나무 심을 준비를 한다. 최근에는 계절이 빨라져서 4월 5일 식목일을 앞당기자는 주장이다. 모두들 나무 심기를 20일쯤 앞당겨서 3월 15일 식목작업을 한다.

우리 집 세 식구가 정성과 소망으로 심은 나무가 무럭무럭 자라나 열매를 따서 소중한 사람들에게 나눠 줄 수 있는 기쁨이 충만하길 기원해 본다. 역시 자신이 가꿔서 함께 나눠 쓰는 기쁨은 무엇과 비교할 수 없다. 여기에는 가꿨던 마음과 땀이 깃들어 있기 때문이다. 자신의 건강과 사랑, 소망이 담긴 노동을 통해서 생산해 낸 열매를 남에게 준다는 것은 첫 월급을 타서 부모님께 드린 것과 같을 것이라고 생각해 본다.

자연의 결실을 사랑하는 소중한 사람과 함께할 수 있음이 얼마나 행복한 것인가 생각할수록 가슴 벅차 오른다. 여기에 여러 가지 과실나무를 심어 두면 아무래도 시간을 내어 자주 올 수 있지 않을까. 물론 집사람과 함께 올 것이다.

시간 따라 꽃피고 단풍 지는 모습을 보고 기뻐할 수 있겠지. 그러다가 열매를 맺으면 잘 익은 가을날에 바구니에 따다 담아 이웃에 나눠 주고 생각나는 분들과 함께할 수 있다. 생각하니 마음이 설레고 빨리 열매가 맺혀 잘 익기를 바란다. 물론 첫 수확을 하면 돌아가신 어머님 묘소를 찾아가 영전에 올릴 계획이다. 아직 묘목도 심지 않았는데 성급한 생각이다.

앞질러 가는 소망이 부질없지 않길 바란다. 항상 느끼는 것이지만 결과보다 동기와 과정 속에서 발견되는 결과에 대한 소망과 바람이 정말로 소중하다. 사반세기 만에 농장에 대한 작은 꿈이 피어나길 기원한다.

꿈을 이루기 위해서 흘려야 할 땀은 안 흘리고 열매만을 기대하는 것 같아 미안한 생각이 든다. 그러나 어쩔 수 없는 현실 속에 미력과 최선의 정성을 다하고 싶다. 노동의 희열도 만끽하면서 보람도 생성해야 한다고 마음 가져 본다.

이곳에 후일 매실이 열리고 오가피가 익어 가며 반송 밑에 산새가 둥지를 틀 평화롭고 아름다운 시간이 오길 바란다(2010.3.21.).

9. 비움의 미학

　인간의 욕심은 한이 없어 바닷물을 다 들이켜 마셔도 모자라 갈증을 느낄 것 같다. 옛말에 쌀 아흔아홉 섬 가진 부자가 한 섬 가진 자의 쌀을 뺏어서 백 섬을 채우려 한다는 말이 있다.

　아마도 이 사람은 백 섬을 채운 다음에는 이백 섬, 삼백 섬을 채우려고 끝없는 욕심을 키울 것이다. 한이 없는 인간의 욕심을 자제하고 여유를 찾으면 훨씬 행복해질 수 있는데 사람들은 이를 외면하거나 망각하며 살아간다. 과욕과 욕심은 인간의 마음을 황량하게 변화시키고 이기적인 사람으로 만들어 자신의 끝없는 탐욕의 구렁텅이로 몰아넣게 된다.

　의지와 정신력으로 과욕과 욕심을 버리고 텅 빈 충만을 만끽할 수 있을 때 참자유와 포만의 만족을 느낄 수 있다. 이것은 모든 사람이 손쉽게 할 수 있는 일이 아니며 상당한 수양을 통해서만이 가능해진다.

　텅 빈 충만은 오랜 비움의 수행과 절제를 통해서 이루어지게 마련이다. 없음에서 있음을 찾으려 노력하고 무엇을 발견할 때에 기쁘게 버리는 마음을 실행하며 살기란 쉽지 않다. 인간은 가지고 있는 유무형의 물질과 비물질이 넘쳐나도 항상 부족함을 느끼며 더 가지려고 발버둥 친다. 이 모두가 욕심이 잉태한 불행의 산물이다.

불행의 산물을 버리지 못하는 이상 참행복이란 존재할 수 없다. 이는 참으로 안타까운 모습이나 타인이 어떻게 할 수 없는 일이다. 다만 본인이 자각을 통해서 마음을 고쳐 갈 수밖에 없다. 자각은 수양과 인내를 통해서 얻어지므로 많은 노력을 하여야 한다.

마음을 돌려 자신에게 넘치고 있는 소유의 실체를 파악한다면 베풂을 통해서 비울 수 있을 터인데 하는 아쉬움이 간다. 무소유는 온전한 비움이며 텅 빈 충만을 의미한다. 하나도 남김없이 완전히 비울 때에 진정으로 텅 빈 충만함을 만끽할 수 있다. 이런 차원에서 생각할 때에 나눠서 비워 감은 삭막하고 욕심 많은 현실 문제를 극복할 수 있는 대안이 될 수 있다.

빈곤과 무지와 질병에서 고통받고 있는 사람들과 함께 사랑을 나누면 행복해질 수 있다. 과욕으로 인한 건강의 해침, 다툼, 갈등의 근원을 사전에 막을 수 있기 때문이다. 그래서 나눔과 무소유를 실천한 법정스님의 입적은 사회에 큰 반향을 불러일으키고 있다. 그는 유언으로 "아직도 나에게 남은 것이 있으면 맑고 향기로운 곳에 써 달라"라고 했다. 자신이 쓴 수십 권의 저서를 더 이상 찍지 말 것을 당부했다.

그의 모든 책이 베스트셀러 1위에서 10위까지를 기록하면서 품절 현상이 나타나자 인터넷에서는 정가의 20배 이상의 금액에 중고 책이 거래된다는 보도이다. 생존 시에는 무관심한 것이 사후에 온전한 무소유를 통해서 그를 접근하기 때문에 이런 현상이 벌어지고 있다.

신선하고 아름다운 뒷모습이 참으로 보기 좋다. 마치 훌훌 털고 정처 없이 떠나가는 영원한 방랑객 같은 여유로운 모습이 너무 감동적이다. 자신의 생을 마감한 후 자신과 관련된 모든 것을 멈추어 버리고 싶었던 것이다.

불가에서 이야기하는 인연을 여기서 멈추고 싶었던 이유는 존재가치의 덧없음과 모두를 버리니 진정한 참자유를 만끽할 수 있다는 의미를 시사하는 것 같다. 사후까지 애착을 갖고 매달리는 범인들과는 너무 달라서 사람들이 그의 모습을 그리며 안타까워하고 정을 전하려 한다. 죽기 전에 명당자리를 찾아서 가묘를 만들어 놓고 정원처럼 값비싼 수종으로 묘역을 단장하던 사람들의 과욕이 얼마나 어리석은가를 생각하게 해 준다.

인생의 덧없음을 말하기 전에 삶과 죽음의 본질과 가치를 인식하여야 한다. 평생을 시를 짓고 풍류를 즐긴 이태백도 채석강 뱃놀이를 하면서 달을 잡으려다가 물에 빠져 생을 마감했다. 순수하고 아름다운 이별이다.

옛 독립 운동가는 조국을 되찾기 위해서 갖은 고통 다 받고 목숨을 초개처럼 버렸다. 물론 법정 스님의 무소유와는 다르지만 사람은 적어도 가치와 목표를 위해서 마지막까지 할 수 있는 일을 찾아야 한다. 나도 가끔 이 세상과 이별할 때 어떻게 할 것인가를 생각해 본다. 미련이 남지 않는 아름답고 멋있는 이별을 해야 할 것 같다.

기업가가 연말에 수지타산을 결산하듯이 때로는 삶을 결산하는 것도 자성의 시간이 될 수 있다. 삶의 결산은 어떻게 살아왔으며 세상을 위해서 한 일이 무엇인가를 따져 보면 될 것이다. 항상 비움과 무욕을 통해서 보람과 가치를 구현하는 삶을 살아갈 수 있도록 마음과 몸을 다스리며 살아가야 한다.

하나를 가지면 둘을 갖고 싶지만 하나를 버리면 하나를 더 버리고 싶어 욕심을 버릴 수 있다. 버림과 욕심도 일상생활에서부터 시작됨을 알아야 한다. 나는 가끔 가난했던 60년대의 우리나라를 기억해 본다.

이 시절에는 먹을 것 입을 것이 부족했던 국민소득 50달러 수준이었다.

가족의 밥 한 끼를 때우기가 어려워서 매 끼니마다 음식준비에 어머니들이 매우 고통스러워했다. 설빔으로 양발 한 켤레와 옷 한 벌을 얻어 입으면 세상을 다 얻은 것 같았다. 당시에는 운동화가 귀했던 시절이어서 학교에서 가끔 운동화를 잃어 버리고 울면서 맨발로 집에 오던 일이 생각난다. 지금이야 남의 물건을 공짜로 주어도 받지 않는 세상이다. 그 시절에는 운동화가 큰 보물처럼 귀했던 때이다.

풍요로움의 여유 있는 세상이 남의 물건을 탐내지 않게 만들었다. 나도 더 이상 가지려 하지 않고 지금 소유함에 만족하며 비우고 살아가는 현명한 지혜를 실천해 가야 함을 다짐해 본다. 비움을 통해서 얻어지는 마음속의 진정한 아름다움보다 더 귀한 것은 없을 것 같다 (2010.3.24.).

10. 들꽃 같은 강물이

　　나의 다섯 번째 수필집 『들꽃 같은 강물이』가 출간되었다. 이 수필집은 글 쓰는 의미와 재미를 갖고 '아름다운 사회를 위하여'라는 목표를 향해 쓴 것이 책으로 세상에 나온 것이다. 다행히도 내 졸필을 출판사에서 기꺼이 인지세를 주면서 발행해 주니 고마울 따름이다.

　　내용도 이전의 수필보다 한층 나아진 느낌이다. 문장의 표현, 접근 방식, 철학적 의미, 사물의 관찰 정도가 적나라한 표현을 통해서 인성과 성장의 가치를 느끼게 해 준다. 일상의 주변에 존재하는 것을 통하여 사색하고 감사하는 마음의 편린들을 써 모은 것이다.

　　아무리 하찮은 것도 다 쓸모가 있으며 관심을 갖고 보면 존재의 가치를 찾을 수 있다. 2층 단독주택에 살면서 정원의 나무와 옥상의 꽃들이 시절을 좇아 변하는 모습의 아름답고 신비로움 그리고 생명의 끈질긴 모습들을 바라보고 생각하면서 이를 글로 담았다.

　　벌써 겨우살이를 끝낸 금낭화가 새싹을 5㎝ 정도나 키워 가고 있다. 머지않은 날에 일 년 내내 분홍빛 꽃 주머니를 피울 것이다. 고환 주머니처럼 소중하고 아름답다고 해서 금낭화라고 이름 붙였다. 은은하고 고와 보이는 자태가 그지없이 아름답게 느껴진다. 새싹을 위해서 춥고 모진 겨울을 이겨 낸 금낭화 싹이 대견스러워 보인다.

옆에 있는 동백나무와 사철나무도 새잎을 키워 가고 있다. 매실은 내일 아침이면 꽃망울을 펼칠 기세다. 봄꽃 중 유난히 향기가 짙어서 벌과 나비를 불러 모으는 매화는 웰빙시대에 각광받는 과실나무이다. 해마다 한 광주리씩 따는 매실이 금년에도 풍성하게 열릴 것을 기대해 본다. 매실은 술, 장아찌, 주스 등으로 다양하게 이용된다. 열매는 베갯속으로 이용하면 은은한 매향을 맡으며 단잠을 잘 수 있다. 매화처럼 버릴 것 없이 모두를 사용하는 과일도 흔치 않을 것이다.

옥상에 내놓은 가시선인장을 화분에 옮겨 심었다. 지난해 가을, 부산으로 여행 갔을 때에 주인한테서 작은 가지 하나를 얻어다 심은 것이 용케 겨울을 나고 몸을 키울 준비를 하고 있다. 집에 가져올 때만 해도 푸른빛은 없었고 주황색에 사색이 짙은 선인장이었다. 우리 집에 와서 따뜻한 햇살을 받고 충분하게 수분을 먹어 푸른 윤기를 더해 가게 된 것이 기쁘다.

내 손으로 키워 가는 생명의 환희를 느끼고 볼 수 있음은 엄청난 행복이다. 꽃을 기르면서 식물에 대하여 관심이 깊어졌고 사색의 언덕에서 생명가치를 생각해 보는 시간이 많아진 것이 고마울 뿐이다. 이로 인해서 자신은 생명에 대한 애착과 사랑에 더욱 관심을 갖게 되었다. 하찮은 풀 한 포기가 자라나는 과정에서 생명의 소중함과 끈질김을 찾는 기쁨이었다.

그러다 보니 노숙자와 노인을 바라보는 시각과 관심이 달라졌다. 이들의 인권과 삶의 질을 어떡하면 높여 줄 수 있을까를 생각하게 됐다. 일상에서 보고 느끼는 현상이 너무 고맙고 감사하여 그냥 스치기가 안타깝다는 생각을 하게 되었다. 그래서 나는 어느 날부터 사물과 사회현상에 대하여 자연스럽게 글을 쓰기 시작했다.

『들꽃 같은 강물이』란 이름은 1998년 10월부터 금년 1월까지 쓴 46편의 수필을 모아 발간한 책 이름이다. 그러니까 지난해에는 8일에 한 편씩 수필을 쓴 꼴이다. 물론 어느 때는 이틀에 한 편 쓴 때도 있고 한 달에 한두 편 쓴 때도 있다. 불과 1년밖에 지나지 않았는데도 어느 글은 마음에 와 닿고 어느 글은 얼굴이 붉혀지기도 한다. 한 편한 편 쓸 때마다 정성을 기울이지 못한 것이 아쉽다.

진실한 마음과 감정을 편안하게 표현하므로 세상이 좀 더 아름다워질 수 있고 자신의 삶이 좋아진다면 더 이상 욕심을 낼 일이 없다. 아름답고 평화로운 강물이 마치 들꽃처럼 고뇌와 슬픔 없이 피어나는 무리가 강물처럼 도도히 흘러가는 풍경을 생각하며 책제목을 정했다. 수필은 지난 시간과 사연들이 금모래처럼 반짝거리며 소박하게 자리 잡고 있다. 하찮은 일도 사고의 깊이에 따른 기록에 의해서 다르게 추억으로 성장해 가고 있는 것 같다.

첫눈 내리는 날이면 어린 시절에는 온 세상을 다 얻은 듯이 기뻐서 어쩔 줄을 몰랐다. 아마 꽃을 가꾸는 기분이 그때와 같을 거라고 가끔은 생각한다. 오늘은 바람 없는 따뜻한 햇볕이 온종일 내리쬐는 완연한 봄 날씨다. 어제만 해도 바람 불고 비 내리는 날씨였는데 변덕스러운 봄 날씨가 새싹을 내밀며 기뻐하는 봄꽃을 시샘하는 것 같다. 옥상에 내놓은 화분을 살펴본다.

용케도 추운 겨울을 이겨 내고 생명을 부지하고 있다. 대여섯 개 꽃은 동사해서 죽었다. 추위에 약한 품종을 사전에 알아서 안방에 놓았더라면 죽는 일은 없었을 터인데 하는 아쉬움이 크다. 무지가 얼마나 큰 것인지 생각해야 한다. 아마 죽은 꽃에 영혼이 있다면 나를 원망하지 않겠는가.

화분을 닦고 물을 주며 죽은 줄기를 걷어 내고 몇 가지 남은 줄기와 잎을 꺾꽂이한다. 이달 말이 되면 새싹이 새파랗고 힘차게 올라오는 것을 기다릴 생각이다. 생명을 가꿔 가는 즐거움을 가져다준 작은 꽃들에게 항상 감사한 마음을 갖고 물을 준다.

생명력은 강한데 수분에 약해서 죽을 뻔했던 몇 가지 꽃들을 음지를 찾아서 놓아두었다. 사람도 적재적소에 배치하여 자신이 하고 싶은 일을 수행할 때에 일의 능률은 물론이고 보람과 희열을 찾을 수 있다.

자신의 적성과 소질과 소망과는 관계없이 생존권 차원에서 직장생활을 하는 사람들은 참으로 안타까운 사람들이다. 능력 있고 소신 있는 사람은 자신이 원하는 직장을 찾아 열심히 행복하게 일할 수 있다. 학창시절에 능력을 배양하기 위해서 불철주야 공부하여야 하는 이유도 이 때문이다(2010.4.3.).

11. 두 아들의 소망

오랜만에 두 아들과 자리를 같이하고 이야기를 나눌 수 있는 시간을 만들었다. 식구 넷이서 한자리를 할 수 있는 일이 명절 빼놓고는 별로 없다. 칠월칠석날 오작교를 건너서 견우와 직녀가 만난다는 전설을 생각하게 하는 기분이 든다.

별로 하는 것 없는 것 같은데 무엇이 그렇게 바쁜지 각자의 할 일 때문에 만남의 기쁨이 없어지는 것 같다. 그런데 큰아들이 서울에서 갑자기 집에 내려왔다. 아마 친구를 만나러 온 것 같다. 내가 곤히 잠든 사이에 밤 막차를 타고 와서 2층 자기 방에서 잠을 잔 것이다. 주야가 뒤바뀐 아들의 생활에 도저히 맞추기가 힘이 든다.

평일에 오면 나는 학교에 가고 아들은 열한 시쯤 일어나 볼일을 보고 다시 서울로 올라간다. 오늘은 다행히도 점심을 같이할 수 있는 기회가 되었다. 잡곡밥에 풍성하게 차려진 반찬으로 맛있는 식사를 하면서 이야기를 나누었다. 큰아들은 서울에서 취업을 준비하며 세종연구원에서 일을 돕고 있단다. 자신의 진로에 대하여 이곳저곳을 알아보고 있는 중이란다. 지난해에 대학원에서 러시아학을 전공하고 졸업했으나 아직 취업하지 못했다.

러시아 서적 번역 등의 일로 시간을 기다리고 있다. 대학 때까지 신나게 놀다가 대학원에서 영어와 러시아어를 보통 수준까지 끌어올리느라고 엄청난 고통을 감내해야 했다. 한편으로는 대견스러운 마음이 든다.

큰아들은 할아버지와 3대가 함께 살던 어린 시절에는 여러 모로 풍족했다. 집안의 큰아이가 되어 온 식구의 관심과 사랑을 받을 수 있었다. 할아버지가 틈만 나면 자전거에 태우고 집근처 큰 도로를 한 바퀴씩 돌았다. 나와 함께한 시간은 많지 않아서 유치원에 다닐 때에 내 친구가 자가용으로 몇 번 등교를 시켜 주었고 운동회 날 응원을 했던 기억이 난다. 그 후에는 함께 놀이를 하거나 시간을 보낸 일이 많지 않다.

둘째 아들은 큰아이보다 함께한 시간들이 훨씬 더 많다. 그러나 오순도순 이야기를 하거나 고민을 상담한 일이 별로 없다. 가족 넷이서 여름휴가를 무주구천동에서 3박 4일을 함께 침식을 하면서 계곡물에 발 담그고 시간을 보낸 것이 유일한 것 같다.

막내는 군 제대 후 3학년으로 복학해서 지금은 국립대학교 항공우주학과 4학년생이다. 항상 1등을 지키며 공부하고 있다. 보기가 안쓰러울 정도로 밤을 지새우며 공부를 한다. 교수와 대학원생들의 연구 활동 보조역할로 많은 시간을 보내며 학문을 익힌다. 하루 공부를 하지 않으면 반드시 다음에 보충하고 만다.

언제나 자기 할 일을 분명하고 완벽하게 하는 막내는 항상 믿음직스러운 아들이다. 졸업 후 직장을 잡으면 평생 동안 적어도 대여섯 번은 직장을 옮길 수밖에 없는 현실을 토로하며 힘든 세상을 열심히 살 수밖에 없다고 한다. 분명하고 정확하게 현실을 인식하고 있다. 과거처럼 평생직장이란 말은 이제 옛이야기가 되는 듯하다. 아들 둘인데 보는 시각과 느낌이 다른 현실을 어떻게 할 수 없는 것이다.

건강하고 대견스럽게 자라 준 두 아들을 볼 때에 감사함 이외의 다른 기대는 사치처럼 느껴진다. 재작년 연말에 3부자가 함께 러시아 블라디보스토크를 여행한 후 몇 번째 만난 것이다. 동토의 블라디보스토크에서 5일을 보내면서 함께 이야기하고 음식을 나누며 추억을 만들었다. 그리고 우수리스크에서도 5일을 함께 보냈다. 우수리스크 호텔에서는 두 아들과 맥주잔을 비워 가며 나누었던 이야기를 가끔은 생각하지만 사고의 차이를 하나로 통합하기는 불가능하다.

다만 어떻게 간극을 좁혀 가느냐가 문제일 뿐이다. 우선 식사를 하면서 그간의 소식을 나눈다. 불확실하고 변화무쌍한 미래의 변화를 정확하게 인식하고 있는 아들의 이야기를 들으면서 나보다 낫다는 생각이 마음에 큰 위로를 준다. 정원의 사철나무가 새잎을 벌써 일곱 개나 피워 올렸다. 이 사철나무처럼 탈 없이 뜻하는 대로 만사가 이루어지길 기원한다. 길고 추운 겨울을 이겨 내고 새봄을 맞이하면서 새잎을 키운 사철나무가 오늘따라 힘차 보인다. 두 아들이 늘 푸른 사철나무처럼 항상 자신감 넘치고 당당하게 생활하며 모든 사람들로부터 존경받는 사람이 되길 바란다.

금낭화도 새순이 10㎝가량 뻗어 올라왔다. 곧 꽃을 피울 기세다. 분홍빛 금낭화는 우리 집 뜰을 한층 여유 있게 만들어 줄 것이다. 옥상 위에 내놓은 꽃 중 서너 개의 화분에 심은 꽃은 얼어 죽었다. 자주색 가시선인장을 비롯해서 난초가 이별을 고했다. 며칠만 늦게 내놓았으면 하는 생각이 든다.

육십여 개의 꽃들이 겨울을 무사히 이겨 내고 따스한 봄볕을 쪼이고 있음이 다행스럽다. 이 꽃들이 자라서 두 아들에게 기쁨을 주는 향기를 마음껏 뿜어 댔으면 한다. 사랑하는 두 아들이 사회와 인류를 위해서 기여하며 참행복을 누려 가길 기원한다.

나는 언제부터인가 습관처럼 잠들기 전과 잠에서 깨어나면 두 아들들을 위해서 기도를 한다.

항상 건강하고 현명함을 더하여 국가와 인류를 위하여 기여하길 간절히 소망한다. 뜻이 이루어지리라 확신을 하면서 잠에 들고 잠에서 깨어난다. 자랑스러운 두 아들이 찬란한 봄날에 피어나는 들꽃처럼 곱고 아름답게 성장해 가길 바란다.

나는 오늘도 이들을 위해서 쉬지 않고 기도를 할 수 있음이 퍽이나 행복하고 감사하다(2010.4.4.).

12. 회양목도 꽃을 피우는데

완연한 봄날이다. 따스한 봄볕이 온 대지를 보듬으며 봄꽃을 빨리 피우려고 재촉한다. 캠퍼스 언덕에 매년 노랗게 꽃을 피우는 개나리가 입을 벌리기 시작하고 벚나무도 꽃잎을 키워 간다.

교정의 진달래는 분홍 꽃을 피우고 지나가는 행인과 이야기를 나누고 싶어 한다. 가는 걸음을 멈추고 긴 겨울을 지나온 일과 진달래를 노래한 많은 시인들의 마음을 생각할 수 있어 좋다. 진달래는 비교적 햇볕이 덜 드는 북쪽이나 기슭에서 가냘프게 피어난다. 어린이들이 꽃잎을 따서 먹기도 한다. 우리 조상들은 진달래꽃을 따서 술을 담가 이를 두견주라며 즐겨 마셨다.

북쪽에 피어난 몇 그루 되지 않는 진달래가 오늘따라 마음을 붙잡는다. 아파트 인도가에, 축대 쌓은 돌 틈에서 회양목은 생명을 부지하는지 성장을 멈추고 있는지 항상 그 모양이다. 아마도 회양목처럼 마디게 크는 식물도 없을 것이다. 생명이 질기고 질겨서 눈 내리는 겨울날에도 파란 잎을 지키며 사계를 품에 안고 살아간다.

회양목도 4월의 따스한 봄볕에 꽃을 피운다. 말이 꽃이지 잎 같은 푸른색에 작은 꽃술을 내밀 뿐이다. 사람의 코로는 맡을 수 없는 향기를 지닌 것 같다. 그러나 벌과 나비는 이 꽃향기를 맡을 수 있어서 회양목 꽃을 찾아온다.

인간의 미추, 노소, 대소, 자산의 유무 등을 갖고 이야기하는 모습이 가소롭다는 생각이 든다. 아주 사사로운 것이 삶의 전부인 양 착각하며 독불장군식으로 살아가는 한심한 이들에게 회양목의 꽃을 보여 주고 싶다.

볼품없고 하찮은 꽃이 벌과 나비에게는 얼마나 소중한 꽃인가를 생각한다. 그리고 나같이 회양목 꽃을 찾아내어 사고하는 사람에게도 귀하고 사랑스러운 꽃이다. 볼품없는 회양목의 질긴 삶을 보고 어느 시인은 시를 지었다. '자라도 자라도 앉은뱅이/아주 예쁜 회양목로/보고 싶은 임 무덤가에서 있겠습니다.' 우리 집도 화단을 만드느라고 돌을 쌓았고 그 사이에 회양목을 심었다.

우리 집 회양목은 이미 꽃을 피워서 꽃잎이 시들었다. 평택과 대전의 시간차이를 나타낸다. 거짓 없는 자연의 한 조각이 소중할 뿐이다. 볼품없는 회양목에게 하얀 겹 매실 꽃은 듬뿍 향기를 뿌려 준다. 아마 회양목도 매화향을 맡을 것 같다.

회양목은 어쩌면 이룰 수 없는 서민들의 고달픈 소망을 알고 있는지 모른다. 아무리 일을 하고 발버둥 쳐도 부자가 될 수 없는 자본주의의 구조적 모순은 정직하고 순진하게 살아가고 있는 서민들의 마음인 것 같다. 회양목도 꽃을 피우는데 만물의 영장인 사람이 각자의 소망을 이루지 못해서야 되겠는가.

회양목은 화려하고 아름다운 꽃을 부러워하거나 따라 흉내 내려 하지 않으며 자신의 처지에서 흡족해하면서 벌과 나비를 불러들이고 미세한 향내를 뿌려 간다. 각자가 가지고 태어난 소질과 능력을 발휘하여 모든 인간에게 유익한 일을 수행해 가야 한다. 불평하거나 망설일 시간이 없다.

항상 아름다운 마음을 갖고 세상을 곱고 청명하게 접근하며 살아가야 한다. 정겨운 속삭임과 다정한 이야기를 나누면서 살아도 부족한 시간인데 시기하고 미워해서는 절대로 안 된다. 심산유곡에 피어나는 들국화나 진달래는 보아 주거나 찾아오는 사람 없어도 때가 되면 자신의 아름다움을 위해서 꽃을 피운다.

홀로 외로이 폈다가 홀로 지고 마는 이 꽃들은 자신의 아름다움을 유감없이 펼쳤으니 언제 시들어도 불만이 없을 것이다. 우리도 심산유곡의 들국화처럼 알아주거나 보는 이 없어도 자신의 할 일을 묵묵히 하면서 인간답게 살아가면 후일 이것이 희열과 보람의 부메랑이 되어 자신한테 돌아오게 마련이다.

서두르거나 재촉하지 말고 일상을 세운 뜻을 향해 한결같이 생활해 가는 것이 중요하다. 교정의 바위틈에서 진달래가 분홍 꽃잎을 열고 벌, 나비를 부르고 있다. 조금 있으면 하얀 벚꽃이 피어나고 붉은 단풍나무가 잎을 펼칠 것이다. 아름답고 풍성한 봄날에 인간의 사랑도 함께 성숙해졌으면 한다.

경인년 봄에 나는 무슨 꽃을 피우기 위해서 땀 흘리고 고뇌해야 하나를 깊이 생각해 본다. 아직은 해야 할 일이 너무 많다. 젊음과 용기를 주시고 할 일을 주셔서 바쁘게 생활할 수 있음에 감사한다. 이론이 정립되지 않은 청소년학과의 교재를 집필해야 하며 가고 싶은 여행도 떠나고 그리운 사람도 만나야 한다.

틈틈이 쓰고 있는 수필도 책으로 만들어야 한다. 많은 할 일을 뒤로하고 시간을 낭비해서는 결코 안 된다. 나이가 들수록 시간의 소중함을 자각하고 아껴 써야 한다. 사람은 어떤 일을 하든 간에 아쉬움과 미련이 남게 마련이지만 시간을 효율적으로 활용하여 일의 결과를 최대화하려는 노력이 중요하다.

삶의 지혜는 시(時) 테크에 있으므로 조직적이고 효율적인 시간활용을 하여야 한다. 모두에게 주어진 한정된 시간을 쓸모 있고 계획대로 사용하므로 더 많은 삶을 산 것 같은 결과를 가져옴을 알아야 한다. 나도 걸어온 길이 얼마나 완전했나를 생각하며 후회 없는 시간을 보내려고 지혜를 모아 가려 정성을 기울인다. 존재하는 모든 것은 의미와 가치를 다한 후에는 사라지게 마련이다.

사라지기 전에 아름다운 모습으로 최선을 다하는 삶을 살아야 한다. 힘이 있으면 도와줄 사람이 있나 없나를 살펴서 겸손하고 남모르게 지원해 본질적 가치를 키워 가야 한다. 한평생을 아름다운 자연의 변화하는 모습에 감사하며 자신의 일상에 고마움을 느끼며 살아가는 일도 쉬운 일은 아니다.

성경에서 말하듯 범사에 감사하며 살아가는 평온하고 여유로운 마음을 가져야 한다. 쓸모없을 것 같은 회양목도 목질이 단단하여 고급 도장을 새기는 자료로 이용한다. 창조주가 모든 만물을 창조하실 때에는 반드시 깊은 뜻이 있었음을 알아서 귀하고 소중하게 사용할 줄 알아야 한다.

재산의 유무와 권력의 다소로 인한 갈등과 대립을 버리고 함께 넉넉하게 살아갈 수 있는 방법을 찾아야 한다. 따사로운 봄날 아침에 회양목은 나에게 "하찮고 보잘 것 없는 존재에 더 많은 관심을 갖고 사랑하라"고 메시지를 전하는 것 같다. 배고픈 사람에게는 빵 한 조각이 매우 소중하고 헐벗은 사람에게는 헌 옷 한 벌이 고마울 뿐이다.

물질을 나누려면 먼저 마음을 나눠야 한다. 마음을 함께 나눠 보지 못한 사람이 결코 물질을 나눌 수 없다. 마음부터 함께 나누며 물질도 나눌 때에 삶이 풍요로워지고 더 행복해질 수 있다(2010.4.7.).

13. 매화향이 머무는 집

　　우리 집에는 20년 된 매화나무 한 그루가 해마다 고운 꽃을 피우고 있다. 가까이 지내는 친구가 지금의 매화분재를 나한테 선물한 것이다. 조그만 화분에서 두 뼘 정도로 자라난 매화는 키가 45㎝ 정도나 자랐다.

　　분재는 전정이 생명이며 철사로 나무유형을 예술적으로 만들어야 한다. 이 모두가 전문적인 기술이 없이는 불가능한 일이다. 그래서 다음 해에 집 화단에 심어서 키운 것이 이십여 성상을 지나고 있다.

　　말이 키운 것이지 매화 스스로 돌보는 이 없이 자라난 것이다. 기껏 꽃필 때에 매화향을 맡으며 고맙고 자랑스러워하는 마음을 가진 것이 전부였다. 남향 창가에 심어서 햇볕의 부족으로 웃자라나는 일은 없다. 지금은 2층 창문을 가릴 정도로 자라났다.

　　매화는 해마다 4월 초순이면 어김없이 꽃을 피운다. 겹꽃으로 옅은 분홍빛을 띤 흰색의 매화가 넉넉하고 아름답게 꽃을 피운다. 나는 가끔 2층에 올라가서 창문을 열고 매화향 맡기를 즐긴다. 은은한 향기가 성숙한 선비의 기개처럼 느껴진다.

　　때로는 혼사를 앞둔 아가씨가 곱게 화장하고 시간을 기다리는 모습을 연상하며 향긋한 냄새를 맡는다. 새들도 가끔 매화꽃을 쪼아 먹고 어디에서 날아왔는지 벌들이 꿀을 따기에 여념이 없다. 매화가 꽃을 피우기 전에는 감나무 가지에서만 앉아서 놀던 산비둘기와 참새들이 매화꽃 향기를 맡으려는 듯 매화가지에만 앉아서 지저귀고 있다.

도심에서 새들의 노랫소리를 들을 수 있음은 커다란 특혜라고 생각하며 정원의 나무와 새들을 감사한 마음으로 다시 한번 쳐다본다. 집에서 창문을 열고 밖에 나오면 그윽하고 은은한 향기를 기분 좋게 쏟아 낸다. 나는 매화나무 아래서 한참 동안 향내를 맡곤 한다.

떨어지는 매화꽃은 금낭화 새순에 내려앉아서 흰 잎을 자랑하듯 아름다운 자태를 뽐낸다. 살아 천 년, 죽어 천 년이라는 장수목의 상징인 푸른 주목 위에 떨어진 매화꽃잎은 또 다른 하얀 꽃을 피우고 있다. 자연스러운 조화가 빚어내는 어울림은 갈등 많은 인간사회와는 상상할 수 없는 선경의 지대다.

시간이 지날수록 화단의 팔손이나무, 회양목, 동백나무 잎과 다양한 풀잎 위에 내려앉은 꽃잎의 수가 많아진다. 푸른 잎에 앉은 매화꽃이 또 다른 꽃을 피우는 것 같다. 역시 봄꽃은 미운 곳이 하나도 없어 더욱 사랑이 간다. 우리 사회도 봄꽃 같은 아름다움과 여유로움으로 살아갔으면 좋으련만 그렇지 못한 것은 억지와 욕심 때문이다.

옆의 좁은 공간에 조성한 작은 화단에는 작년에 집사람이 얻어다 심은 할미꽃 다섯 포기 중 두 포기는 겨울에 죽고 남은 세 포기에서 포기마다 서너 개씩 꽃대를 내밀고 있다. 몇 개는 벌써 자줏빛 꽃잎을 펼치고 몇 개는 이삼일이 지나야 꽃피울 것 같다.

왜 할미꽃은 하늘을 보지 못하고 항상 땅만 쳐다보며 꽃을 피우려는 걸까. 자줏빛 꽃잎과 노란 수술을 보려면 겸손하게 고개 숙여야 한다는 이치를 일깨워 주기 위함인가. 수줍어하는 시골 아가씨 같은 꽃이기에 정감이 더 가는 할미꽃을 나는 더 좋아한다. 어린 시절 뒷동산 무덤가에 피어나는 할미꽃을 보고 신기해하며 기뻐하던 옛 기억이 새롭다. 할미꽃을 보고 사람들은 아전인수식의 수식어를 쓴다.

혹자는 겸손의 상징으로 항상 고개 숙이고 낮은 곳을 향해서 더 나아지려 하는 자태로 표현한다. 다른 사람은 권력과 금력 앞에서 무조건 고개 숙이는 아부와 아첨의 상징으로 보고 있다. 나는 전자의 의미를 할미꽃에서 찾고 싶다.

오늘은 집사람이 봄 맞을 준비에 바쁘다. 두터운 겨울 커튼을 떼어서 세탁을 한다. 검은 때가 담가 놓은 함지박에 검게 우려 나온다. 물을 간 다음에 세탁기에 넣고 돌리면 세탁이 끝난다. 2층 빨랫줄에 널어서 건조시킨다. 세탁기가 없던 옛날에는 어머니가 손수 발로 밟고 손으로 문질러서 땀 흘려서 빨았다. 문명의 이기 속에 편해진 우리 생활이 나태해지지 않도록 노력해야 한다. 매화나무 옆에 있는 감나무는 아직도 겨울잠에서 깨어날 생각을 하지 않는다.

잠꾸러기 아이가 동쪽에서 해가 떠도 일어날 생각을 하지 않는 것과 같다는 생각이 든다. 새잎을 내밀 생각도 하지 않은 채 앙상한 가지만 봄바람에 흔들리고 있다. 사람마다 취향이 다르듯이 나무마다 봄을 맞이하는 시간이 다른 것은 아마도 준비의 시간이 필요해서라고 생각한다.

대추나무와 감나무가 제일 늦게 잎을 벌리고 새순을 키운다. 4월 중순이 지나서야 새 눈을 틔울 것 같다. 매화나무 옆에는 감나무가 있고 돌 틈 사이에는 회양목이 자라나며 옆에는 26년 된 주목이 커 가고 있다. 바로 뜰 옆에는 화분에서 추운 겨울을 지낸 금낭화가 새순과 꽃대를 내밀고 있다.

참으로 복잡하게 얽혀서 살아가는 꽃들이다. 도시주택의 땅이 좁으니 어쩔 수 없는 일이다. 화단 오른쪽 울타리 가장자리에 심은 보리똥나무는 아랫동생이 분재원을 하는 친구한테서 얻어 온 분재였으나 분재를 관리할 기술이 없어서 화단에 심은 것이 20년을 지나고 있다.

보리똥나무도 파란 새순을 내밀며 집 밖 도로가로 외출준비를 한다. 빨간 열매를 따 먹는 이 없어도 그냥 눈으로 볼 수 있는 즐거움이 있어 다행이다. 화살나무와 사철나무도 잎과 가지를 내밀고 화려한 봄날의 성장에 부풀어 있는 것 같다.

칠십 평도 되지 않는 우리 집에서 여러 식물을 기르고 함께할 수 있음에 감사할 따름이다(2010.4.10.).

14. 봄을 나르는 열차

　따스한 봄볕이 내리쪼이는 오후에 경부선 열차에 몸을 실었다. 자주 타는 기차지만 아직도 열차를 타면 기분이 좋아지는 것은 어린 시절의 추억이 되살아나고 차창 가에 어리는 풍경이 아름다워서다.

　아버지가 철도청에 근무를 하셔서 우리 가족은 기차를 무료로 승차할 수 있었다. 대전에서 6시간이 걸리는 인천 부평에 있는 이모님 댁을 기차를 타고 가던 생각이 떠오른다. 늘 나에게 기차는 고맙고 정겨운 운송수단이다. 마음대로 화장실을 갈 수 있고 주전부리를 할 수 있으며 차창가에 어리는 풍경을 감상할 수 있기 때문이다. 지금도 열차를 타고 차창가를 바라보면 옛 생각이 새록새록 되살아난다.

　서해의 눈부신 저녁노을이 그러하고 가을날의 황금빛 들녘의 벼들이 그러하다. 내 제자들이 후일에 학교를 방문하거나 사회생활을 하면서 내가 강조한 삶의 지혜와 지식이 되살아나서 다시 기억하길 바라기도 한다.

　봄날의 풍경 역시 풍요롭고 아름답긴 매한가지다. 창가에 어리는 봄날의 풍경을 느끼는 대로 메모하며 봄을 즐길 수 있어 행복하다. 병실에서 병마와 싸우는 사람은 이 아름다운 봄날을 감상하지 못하고 고통에 시달릴 것이다. 우리가 일상에서 감사함을 느끼는 것은 이 같은 계절의 변화를 실감하며 순리를 따라 살아가기 때문이다.

철길 가의 봄꽃들을 가르며 달리는 열차가 마치 주인 같다는 생각이 든다. 때론 개선장군처럼 당당하고 여유가 있으며 때론 시골색시처럼 고상하고 수줍음이 배어 있다. 귀족의 기분 좋은 나들이를 연상하게 하기도 한다.

하얀 백목련이 잎을 벌리고 진달래도 방긋 웃는다. 봄꽃의 자태는 마애불의 미소처럼 평화롭고 자애로우며 은은해서 좋다. 겨우내 움츠렸던 벌과 나비를 불러 모아 새 생명을 창조해 가는 일에 합의를 한다. 그래서 봄꽃은 새 생명 창조의 가치로 본다. 상생의 조화 속에서 살아가라는 자연의 순리를 존중해야 함을 깊이 인식시켜 준다.

약동하는 생명의 소리를 들으면서 날이 다르게 성장해 가는 모습이 보기 좋다. 노란 개나리꽃이 흐드러지게 피어서 봄날을 노래한다. 볼수록 군무하는 자태가 보기 좋아 달리는 열차를 멈추고 싶은 충동을 느낀다. 버들잎도 초록빛으로 윤기를 더해 간다. 3월부터 서서히 물을 빨아올려 푸르러지는 버드나무의 여유는 늘어진 가지만큼이나 유연하다.

과수원의 매실은 꽃을 피우고 다른 과실나무도 꽃봉오리와 잎을 펼쳐 간다. 메마른 가지마다 생명수가 흐르는 봄날의 정취가 정말로 아름답다. 잔잔한 물결 같은 마음으로 봄꽃을 감상하며 달리는 열차 안의 시간이 한가롭고 행복하다. 아름다운 꽃은 소중하고 탐스러운 열매를 키워 가기 때문에 더욱 귀하고 가치가 있다.

그러나 갈대만은 죽음의 시간에서 헤어나지 못하고 뿌리에서 새 생명을 키워 갈 준비를 한다. 새싹을 그리워하며 뿌리는 물은 빨아올릴 준비를 하는 새 생명에 대한 기대감을 가져 본다. 지난 겨울바람에 이리저리 흔들리고 노래하며 추위를 보낸 갈대의 지조와 순정이 다시 새싹을 피워 갈 것이다.

무더운 여름날에 갈대의 억세고 강한 줄기는 장마 속에서 키를 키워 갔다. 도로 가 개나리는 샛노란 꽃을 피우고 봄노래를 부르는 것 같다. 여기에 노란 병아리가 어미닭과 함께 봄나들이를 하면 더 잘 어울릴 것 같다. 철길가 빈터에는 냉이가 노란 꽃으로 군락을 이루며 자갈 사이를 헤집고 자리를 넓혀 간다.

보아 주는 사람 없어 나라도 기쁘게 보아 주니 다행스럽지 않겠는가. 농부는 언덕이며 논둑에 콩, 호박, 옥수수, 박을 심고 있다. 작물은 농부의 소망을 아는 듯이 무럭무럭 잘라서 열매를 맺을 것이다. 까치도 마른 나뭇가지에 앉아서 봄을 노래하며 산란의 꿈을 노래하고 있다. 봄의 교향곡이 들려올 것 같은 아름다운 대자연의 풍경이 경이롭다.

따사로운 봄날에 차창가를 보며 달리는 열차가 오늘따라 감사하고 넉넉해 보인다. 차창가에 어린 풍경 덕분인 것 같다. 논은 아직 정지된 상태에서 냉이와 잡풀의 싹을 키우는 넓은 벌판을 갈색 흙으로 덮고 있지만 철길 옆을 지나는 마을 길가에 핀 노란 개나리꽃이 부족함이 없어 보인다. 봄의 꽃은 역시 노란색과 분홍색이 주류를 이루는 것 같다.

산수유와 개나리, 냉이 꽃의 노란색이 유난이 고와 보인다. 진달래와 매화가 분홍색을 띠고 있다. 신탄진에 이르자 그 유명한 벚꽃이 활짝 피어난다. 담배인삼제조창에서 이십여 년간 매년 벚꽃축제를 개최한다. 넓은 울타리에 심어진 수십 년생 된 벚꽃이 만발하면 인근 주민과 대전시민이 찾아와서 벚꽃놀이를 즐긴다.

벚꽃 사이로 먹을거리를 판매하는 포장마차와 이동상점이 성시를 이룬다. 나도 몇 년 전에 이곳으로 꽃구경 왔다가 포장마차에서 빈대떡을 사 먹은 기억이 있다. 목화, 현대, 진달래, 개나리 아파트라는 이름이 봄철에 더 정겨워 보인다.

　　평택까지 한 시간을 달리는 열차는 작은 시냇가를 지나가게 되는데 잔잔한 물결이 평화와 안위를 준다. 고요하고 잔잔하다는 말이 이런 것 같다. 수십 년을 변함없이 달리고 달리는 열차는 수많은 사람들의 갖가지 사연을 실어 나른다.

　　마음이 울적할 때에 떠나는 야간열차와는 전혀 다른 봄을 실어 나르는 봄 기차의 정겨움이 넘쳐흐른다. 그립고 보고 싶은 사람에게 연락을 해서 이 봄이 가기 전에 정답게 만나서 맥주 한잔하면서 이야기를 나누고 싶다(2010.4.12.).

15. 기분 좋은 만남

새 학기 들어와서 일주일에 한 번은 아주 기분 좋은 시간을 맞이한다. 40년 전 같이 대학에 다니던 친한 친구가 경찰에 몸담고 있는데 이번 학기부터 우리 대학교 대학원에서 야간에 강의를 담당하게 되었다. 명문대학에서 박사학위를 받고 지속적으로 학문을 연구하는 친구라서 전혀 경찰 티가 나지 않는다.

경찰이 실제로 다루었던 비행청소년에 대한 강의를 한다. 대학원생들이 강의시간을 기다리며 수강하고 토론하기를 좋아한다. 매주 수요일에는 그 친구와 7시 반에 학교 옆 한정식 식당에서 늦은 저녁식사를 한다. 식사 전에 안성막걸리 한 잔도 곁들인다. 불콰해진 얼굴에 기분이 좋아지는 음주의 매력은 시간이 지나도 변함이 없어 좋다.

흘러간 시간이라도 되돌린 양 지난 세월을 상기하면서 정담을 나누는 시간이 아주 좋다. 어린 시절과 젊은 날의 이야기가 항상 아쉽고 즐거운 것은 되돌아갈 수 없기 때문이다.

우리는 70학번으로 정치적으로 혼란하고 사회적으로 억눌리며 경제적으로 궁핍한 때에 대학을 다녔다. 시간이 날 때마다 막걸리 잔을 비우면서 시국 이야기에서부터 쉼 없는 긴 이야기를 나누었다. 민주

주의와 군사독재 정권을 들먹이며 때로는 울분을 토하기도 하며 참담한 현실을 토로하기도 하였다.

역사는 만들어 가듯이 어느덧 경제발전의 기적을 이뤄서 잘살고 있는 친구들은 시대의 고마움을 이야기할 것이다. 그때의 친구들은 사회의 중견지도자로 각기 할 일을 다해 가고 있다. 어떤 친구는 관리관까지 올라 공무원 최고의 벼슬을 하고, 군 고급 간부로 근무하다 퇴직하여 지금은 시골고향에서 농장을 가꾸고 있으며 다른 친구는 미국에 가서 연구 활동을 한다. 나와 같이 대학에 남아 있는 친구들은 원로학자로서 후학양성과 학문연마에 땀을 흘린다. 참으로 예기치 못한 발전 속에서 살아가고 있다.

가을이면 교정 앞 플라타너스 길옆 벤치에서 오징어 안주에 소주잔을 비우며 통금시간까지 긴 이야기를 나누었다. 정부에 대한 비판과 현실의 모순과 문제를 주제로 이야기를 했다. 지금 생각하니 미래의 비전과 현실의 극복을 이야기했으면 시간활용의 효용성과 성취가치를 고양시켰을 수 있었을 터인데 하는 아쉬움이 든다.

그때는 진지하고 건전한 이야기로 인식하면서 지성인의 확인이라도 되는 듯 착각을 한 것 같다. 부족한 부모님의 호주머니를 털어 가며 막걸리를 즐겨 마셨다. 이 친구는 비교적 말이 없는 편이다. 나와 똑같은 호랑이 띠인데 나는 새벽 한 시에 태어났고 이 친구는 낮 열두 시에 태어났다. 그래서 밤에 태어난 나는 호랑이가 가장 왕성하게 활동하는 시간이라서 분주하게 시간을 보낸다고 말한다. 그러나 이 친구는 호랑이가 잠자는 낮 시간이어서 전혀 말이 없고 활동을 하지 않는다고 한다.

지난 대학시절 이야기부터 친구소식과 집안일에 대하여 이런저런 이야기를 하며 식사를 두 시간 정도 즐겁게 한다. 우리 학과의 정원은 스무 명이었다. 성이 각성에다 유일한 홍일점으로 여학생 한 명이 있었다. 어느 날 여학생 집에 나와 약주 잘하는 친구와 둘이서 찾아갔다. 여학생 어머님이 나오자 둘은 고개 숙여 장모님 하고 익살을 떨었다. 방에 있던 여학생이 기겁을 하며 나와서 막걸리를 한 되 사다 준 기억이 난다.

언제 한번 만나 식사대접을 하며 지난 이야기를 하고 싶다. 지금이야 상상할 수 없는 일이지만 그때는 퍽이나 자연스럽고 낭만적이었다.

그런데 나는 기억이 없는데 점심을 먹으러 택시를 타고 시내중심지에 가서 라면을 먹고 학교에 돌아왔다는 이야기를 한다. 그 당시에는 택시를 타는 것은 부의 상징처럼 보였고 라면은 소시민이 먹는 음식이었다. 나의 엉뚱한 행동이 이해가 안 가고 재미있었다며 웃는다.

항상 어머니는 나에게 없는 용돈을 주시느라 이웃집에서 꾸기도 했던 기억이 난다. 변변히 용돈 한번 제대로 드리지 못한 아쉬움에 가슴이 저려 온다. 사람은 내일보다 오늘에 충실하라는 말의 의미를 알 것 같다.

특히 연세 많은 어른들에게는 감사하는 마음의 표시를 신속하게 하여야 한다. 집안친척어른, 이웃어른, 은사님에게 감사하는 언행을 빠르게 실천하여야 한다. 만용 같은 갖가지 언행을 가끔 하였던 일은 지금도 아쉬움으로 남아 있다. 인간은 평생 만나고 싶지 않은 악연이 있고 항상 같이 있고 싶어 하는 선연이 있다.

악연을 잘못 맺으면 일생이 괴롭고 피로하나 선연을 맺으면 삶이 행복해진다. 사람은 나이 들고 철이 들면 사람을 선별하여 만나게 된다. 인간관계는 유리그릇과 같아서 한번 신뢰를 잃으면 유리그릇에 금이 간 것을 다시 원상회복시킬 수 없듯이 불가능하다.

신뢰를 지속하기 위한 진실과 감사하는 마음으로 상대를 생각하고 배려할 때에 관계는 지속될 수 있다. 평생을 살아가며 마음속에 있는 번민을 진솔하게 이야기할 수 있는 친구 몇 명만 있어도 행복한 사람이라고 한다. 그만큼 인간의 신뢰관계는 중요하고 지속시키기가 어렵다는 말이다.

옛 친구가 반가운 것도 이해관계 없이 순수하고 정다운 추억이 생생하게 살아나기 때문이다. 오랜 경험과 자성 속에서 얻어진 지혜를 기준 삼아 원만한 인간관계를 이어 가야 할 것이다. 시간이 지나가고 해가 갈수록 정이 깊어 가는 친구관계를 유지하기 위해서 진정한 사랑을 쏟아야 한다.

나이 들면 미래의 이야기보다는 지난 일에 대한 추억을 이야기하게 된다. 노년이 아름다워지려면 젊은 날의 아름다운 추억이 풍부해야 한다. 지난 대학시절 정다운 친구와의 만남 같은 아름다운 인연을 더욱 많이 만들어 가려고 노력하여야 한다(2010.4.15.).

16. 벚꽃 터널을 걸으며

　저녁식사를 하려고 오후 5시쯤 계룡산을 찾았다. 박정자에서 계룡산 동학사 초입까지 30여 년생 된 벚나무가 양편에 아름드리로 자라나서 봄이면 거대한 벚꽃 터널을 만들어 상춘객에게 즐거움을 만끽하도록 해 준다. 그런데 오늘저녁 전혀 예기치 않았던 행운이 눈앞에서 꿈처럼 펼쳐졌다.

　벚나무의 검은 가지마저도 하얀 꽃이 감싸 안아서 천지가 하얗게 보인다. 도로 양편으로 하얀 벚꽃이 만발하여 장관을 이루고 있었다. 몇 년 전에 나도 때를 맞춰 찾아와서 벚꽃의 아름다움에 빠져 보기도 했다.

　그러나 이렇게 풍성하고 화려한 벚꽃을 일찍이 본 적이 없다. 동화 속에 나오는 선녀보다 더 아름답고 호수의 백조와는 비교가 되지 않을 만큼 하얗고 멋진 물결이다. 봄꽃의 아름다움은 추운 겨울을 이겨 내고 새로 피어나는 꽃이기에 호감이 더 간다. 마치 대학시절에 여학생과 첫 미팅을 하는 기분 같기도 하다.

　가슴 설레며 파트너를 맞아서 놀이와 여흥을 즐기던 기억은 시간이 지나도 잊히지 않는다. 파트너를 소중하게 생각하고 정중히 대했던 신사도와 예절을 되찾아야 되겠다. 젊은 시절에는 아름답고 그리운 추억을 많이 만들어야 하는 이유다. 십오 년 전 학생들과 MT를 동학사로 온 적이 있다. 아마 이맘때쯤 되나 보다. 전날 학생들과 밤새워 이야기하며 술을 마시고 아침에 일어나 벚꽃 길을 걷는데 벚꽃이 터지는 꽃잎을 보고 소리를 들은 기억이 난다. 환상적인 풍경이 정말로 대단하였다.

마치 천지가 개명하듯 아침햇살에 벚꽃망울이 터지는 그 화려함은 정말로 꿈결같이 아름다웠다. 아침햇살을 맞으면서 툭툭 꽃잎을 터뜨리고 환하게 열리는 모습이 지금도 생생하게 기억에 남아 있다. 벚꽃 터널을 여유 있게 걸으면서 잡념과 욕망을 지워 간다. 순수하고 아름다움에 푹 빠질 때에는 몰입 그 자체 외에는 아무것도 생각나지 않기 때문이다. 사람이 아름다움이나 감격스러움을 보면 사사롭거나 이해관계는 전혀 생각나지 않게 마련이다.

만일에 한평생을 벚꽃 길을 걸어가듯 살아갈 수는 없는 일이지만 이 아름다움만은 평생을 가슴에 안고 살아가고 싶다. 은은한 향기를 맡으면서 흰 벚꽃 속에 싸여 보는 기쁨이 너무 크다. 평택의 캠퍼스에도 벚꽃이 만개하여 지역주민들을 불러 모은다.

한 아름 되는 벚나무가 동시다발적으로 꽃을 피우면 관리과 직원들이 부지런히 나무마다 예닐곱 개씩 전구를 매단다. 어두운 밤에 벚꽃 사이로 밝은 전등불이 하얀 벚꽃의 품위를 한층 더 높여 주어 더욱 환상적인 분위기를 자아낸다.

마치 역경과 시련을 딛고 성공한 운동선수나 장애인의 성공처럼 보람과 환희를 느끼게 해 주는 벚꽃이다. 일시에 한꺼번에 피어나는 벚꽃은 우리 민족의 혼연일치하는 단결력과 위대한 잠재력의 발로처럼 느껴진다. 여기에는 오직 아름다움과 여유만이 있을 뿐이다. 아직

동학사 길가의 벚꽃은 꽃잎 하나 떨어뜨리지 않고 청정하게 꽃을 자랑하며 상춘객을 불러 모아 미소를 짓고 있다.

캠퍼스의 벚꽃은 벌써 꽃잎을 휘날리며 하얀 꽃잎을 땅에 떨어뜨린다. 패망의 조국을 애통해하며 낙화암에서 떨어져 백마강으로 떨어지는 충절여인의 모습처럼 아쉬움이 더해 간다. 한 아름드리로 성장한 캠퍼스의 벚꽃은 족히 30년은 넘었을 것으로 추정된다. 학생들의 성화에 못 이겨서 벚꽃 그늘에서 봄볕과 더불어 야외강의를 하던 추억이 되살아나는 시간이다. 지순하고 여유롭던 제자들은 지금 어디에서 무엇을 하고 있을까 궁금해진다. 경쟁사회에서 승자가 되어 행복한 생활을 영위하길 기원할 뿐이다.

벚꽃은 서로 먼저 피려고 경쟁하지 않고 동시에 똑같이 피어나니 인간보다 더 여유가 있는 것 같다. 평등사상을 실현하는 대표적인 꽃인 것 같다. 동학사 벚꽃축제 기간에는 대전시민은 물론 전국에서 관광객이 몰려든다. 나는 이미 벚꽃이 지었겠지 하는 생각으로 동학사를 찾았다가 오늘의 기쁨을 찾을 수 있었다.

텐트로 만든 길가 포장마차 옆에서는 각설이타령부터 다양한 노래로 길 가는 사람을 불러 모아 엿, 구운 은행, 국화빵, 떡볶이, 번데기, 파전, 동동주 등을 판다. 전통음식을 좀 더 맛있고 귀티 나게 개발하여 깔끔하게 포장하여 팔았으면 하는 아쉬움이 든다. 아무리 전통음식이라도 시간에 따라 변화하는 식성을 선도하는 방향으로 개발되어야 한다.

시간이 흐를수록 벚나무 가지는 넓게 뻗어서 꽃밭을 이루며 연인들에게 추억의 안식처로 만들어 준다. 흥겹고 여유를 즐길 줄 아는 우리 민족에게 벚꽃은 화려한 시간과 공간을 제공해 주는 고마운 나무이다.

일자리를 찾지 못해서 고통받는 젊은이들에게 저 벚꽃 같은 기쁨을 줄 수 있는 세상이 왔으면 하고 기원해 본다. 좋고 아름다운 일은 모두가 함께해서 기쁨을 확대 생산하는 현명함을 가져야 함을 아름다운 벚꽃 속에서 생각해 보았다(2010.4.19.).

17. 서해의 비바람소리

엊저녁부터 서해의 바람소리가 요란하다. 평택지역은 바람을 막아줄 산이 없는 들판이어서 서해바다에서 불어온 바람이 거침없이 사람과 작물을 괴롭힌다. 전깃줄을 울리고 나뭇가지를 마구 흔들며 꽃잎을 떨어뜨리기에 여념이 없다. 아침 출근길이 빗길이어서 우산을 쓰고 길을 걸어간다. 쌀쌀한 날씨 덕에 바바리코트를 입게 된다. 사색의 시간도 빼앗아 간 채 발걸음을 재촉하여 연구실로 행한다.

비바람소리가 천안함 사고로 순직한 46명의 젊은 영령들의 슬픈 울부짖음처럼 들리기도 한다. 3월 26일 천안함이 어뢰의 공격에 두 동강이 나고 무고한 젊은이가 목숨을 잃었다. 너무나 큰 충격을 준 사건이기에 온 국민이 비통함 속에 빠져 있다. 내일 모레면 해군장으로 장례식이 치러진다. 아직도 시신을 찾지 못한 일곱 명은 유품으로 시신을 대신해서 장례를 치르게 된다.

"새가 되어 훨훨 날아서 나를 찾아오너라." "저승의 어머니와 만나 내가 갈 때까지 잘 있어라." 등의 애절한 통곡의 바람은 눈시울을 붉히게 한다. 생때같은 자식을 잃은 부모와 가족의 슬픔이 얼마나 크겠는가를 생각하면 소름이 끼쳐 오른다. 나도 조용히 이들의 명복을 빌며 어떤 일이 있어도 인명을 살상해서는 안 됨을 절감한다.

분단의 아픔은 세월이 가도 사라지지 않고 더 확대된 것 같아 마음이 아프다. 지구촌에서 유일한 분단의 나라인 한민족의 슬픔을 극복하기 위해서 하루빨리 남북통일이 되어야 한다. 한민족끼리 총을 쏘아 동포를 죽이는 일이 더 이상 있어서는 안 된다. 평화 행복을 항상 함께하면서 살아가려는 민중의 소망을 짓밟는 자들에 대한 심판을 하늘이 내릴 것이다.

지구상에 오직 우리나라만이 분단의 비극 때문에 엄청난 재정손실을 보고 있다. 만약에 통일이 되어 국방비를 사회복지 분야에 쓴다면 얼마나 풍요롭고 여유가 있겠는가를 생각해 본다. 굶어 죽어 가는 북한 동포에게 남는 쌀마저 주지 못하는 정치상황이 너무 야속할 뿐이다.

4층 연구실 블라인드 커튼을 뒤흔드는 바람소리가 천안함 사건 희생자의 비명처럼 들린다. 젊음을 하루아침에 뺏겨 버린 이 비극을 어떤 말로도 위로하지 못할 것 같다. 너무 크고 애석하기 때문이다. 꽃을 피운 벚꽃은 속절없이 떨어지고 연한 새잎은 추운 비바람에 떨고 있는 것 같다. 지금도 창문 유리창에 흩뿌리는 빗소리가 추위를 느끼게 해 준다.

배꽃, 사과꽃이 피기 전에 얼어서 죽으니 금년 농사가 망했다며 실의에 빠져 있는 농민을 생각하니 마음이 너무 아프다. 내일 모레면 5월인데 웬일로 차가운 날씨는 이어지는가. 100년 만에 찾아온 4월의 늦추위가 농민의 마음에 아픔을 그만 심어 주었으면 한다. 연구실 커튼 밖에 놓아둔 군자란이 다섯 송이의 노란 꽃을 피웠다.

원래 군자란은 꽃이 큰데 뿌리를 자르고 옮겨 심은 지 며칠 되지 않아서 어렵게 작은 꽃을 피웠다. 군자란은 암술 하나에 수술 여섯 개를 키우기 위해 긴 겨울날을 웅크리고 지났나 보다. 겨울의 꿈을 피워서 환하게 웃는 군자란은 나에게 사랑과 아름다움을 선물하고 있다.

참으로 감사하고 고마운 일이다. 어느 꽃이나 아름답지 않은 꽃이 어디 있겠냐마는 유달리 군자란 꽃이 고상해 보인다. 며칠 있으면 5월이 오는데 금년에는 이렇게 비가 자주 내리고 늦추위가 떠날 줄 모른다. 아들딸도 성인이 되면 짝을 찾아서 결혼을 하고 부모의 품을 떠나듯이 계절도 겨울이 지나면 따스한 봄을 맞아야 되는데 금년은 정말로 이상하다.

강원도, 경상도, 전라도 지방에 눈이 내리고 온도가 떨어져 사과와 배꽃이 얼어서 열매를 맺을 수 없단다. 매화, 배, 사과 등 과실의 흉작이 예상되어 걱정이다. 풍년이 들면 생산자가 걱정이고 흉년이 들면 소비자가 부담이 커서 걱정이다. 밤낮이 있듯이 흉년과 풍년을 공유할 수 없는 자연의 이치가 얄궂게 느껴진다.

농산물은 희비극을 날씨에 맡길 수밖에 없다. 대자연의 순리를 좇을 수밖에 없는 인간의 나약함을 생각하며 어떤 일이 있어도 거만하거나 앞서지 말아야 하겠다는 생각을 해 본다. 시절을 좇아서 열매를 맺는 과일의 생애가 고달프다는 생각이 든다. 어린 시절 여름철에 먹구름이 몰려오고 갑자기 소낙비가 쏟아지면 무서웠던 기억이 되살아나는 시간이다.

똑같은 사물과 상황이 나이에 따라 엄청나게 느낌과 생각이 다른 것은 성숙의 정도가 다르기 때문인가 보다. 금년 들어 자주 내리는 비는 과수며 작물의 정상적인 생육상태를 가로막아서 농민들의 생존권을 위협하며 그들의 걱정을 태산처럼 키우고 있다. 자연에 의존하며 평생을 살아온 농민들의 행복이 이어지길 간절히 기원하며 비가 개길 바란다. 냉해를 동반한 비이기에 반갑지 않다.

속병이 든 농민들을 위로할 방법이 있었으면 좋겠다. 마음으로 걱정할 뿐 실제적인 도움을 줄 수 없음이 아쉽다. 봄비는 생명의 비인데 이렇게 속절없이 내리니 생명과 성장을 가로막는 죽음의 비 같아 야속한 마음이 든다.

감기 걸리는 사람이 병원에 가득하고 나들이하기가 겁이 나는 시간에 그치지 않고 계속 비가 내린다. 이제 서해의 비바람소리가 잦아들고 따사롭고 훈훈한 봄날이 오길 바랄 뿐이다.

추위 속에도 때를 잊지 않으려는 듯 교정의 돌 틈 사이에서 철쭉꽃은 붉은 꽃잎을 내민다. 아름답고 고와서 눈길을 머물게 한다. 추위를 느끼게 하는 철 이른 봄날에 피어나는 철쭉꽃을 바라보는 마음이 포근해 보인다. 금년 봄에는 등산도 가고 농장도 가꾸며 귀하고 소중한 시간을 보낼 생각이다(2010.5.27.).

18. 무봉산 MT

    오늘부터 내일까지 학생들이 평택에 있는 무봉산 청소년 수련원으로 MT를 간다. 사방으로 둘러싼 나지막한 야산의 나무들이 새싹을 내미는 조용하고 편안한 무봉산이다. 사면이 언덕 같은 야산으로 둘러싸여 있어 야간에 산행하기에 좋으며 1시간 30분 정도 걸린다.

    이곳은 청소년 수련원으로 평택지역 청소년은 물론 서울지역 청소년들이 많이 찾는 곳이다. 프로그램도 서바이벌 게임, 인공암벽 타기, 천체 관측, 도자기 만들기 등의 다양한 프로그램이 펼쳐지는 곳이다. 이러한 시설을 자유롭게 이용하면서 대화하며 함께하는 시간을 통해서 서로를 이해하고 우정을 쌓아 가게 된다.

    우리들 학창시절에는 상상할 수 없는 과학 학습시설을 아주 자연스럽게 접하고 즐길 수 있는 학생들은 가끔 고마워하는 마음을 가졌으면 한다. 학과 임원들이 회비를 걷고 계획을 짜느라고 바쁘게 움직인다. 자율적으로 모든 일을 척척 해 가는 학생들을 볼 때마다 대견스러워 보인다.

    옛날에는 꼭 강원도나 경기도 북부지역으로 MT를 가서 경비도 많이 들고 오가기가 불편했는데 최근에는 항상 학교주변으로 간다. 작년에는 평택외곽지 폐교초등학교로 MT를 갔다. 전 학과생이 모여서 오락과 토론을 즐기며 아름다운 추억을 만든다. 특히 1학년생들에게는 학과선배들이 학과의 특성과 교수님의 성향을 이야기해 주고 맥주도 마시며 즐거운 시간을 보낸다. 수련원 놀이시설을 이용한 여가시간 활용과 자유 시간에 나누는 담소는 매우 유익하다.

졸업한 선배들이 찾아와서 선후배 간에 돈독히 정을 쌓는 모습도 보기 좋다. 오늘은 무봉산 수련원에서 6시에 저녁식사를 한다기에 30분 전에 도착하여 차 한 잔을 나누며 주변의 경치를 살펴보았다. 학생들과 구내식당에서 이야기를 하면서 저녁식사를 하였다. 뒷산의 등산로를 학과교수와 30분 정도 산책하였다.

조팝나무의 하얀 꽃이 춤을 추는 황톳길을 걸어 새봄의 정취를 만끽하면서 초목을 바라보며 걷는 한가로움이 참으로 좋았다. 가끔씩 철쭉이 수줍은 듯 분홍 꽃을 피워 가고 있다. 산길에 철쭉꽃을 대대적으로 심어서 철쭉 산행 길을 만들었으면 좋겠다는 생각을 해 본다. 몇 년 전만 해도 학생들이 조별로 취사를 하였으나 지금은 시설 내의 식당에서 취사를 해결해 주어서 아주 간편해졌다.

옛날에는 여교수들은 빵을 사 와서 식사를 하던 시절이었다. 주위의 경치 좋은 찻집을 찾아서 차 한 잔 나누면서 이런저런 이야기를 나누던 시절도 그리워진다. MT 하면 잊히지 않는 일이 생각난다. 십사오 년 전에 양평산골짝으로 MT를 간 적이 있다. 학생들과 옆방을 같이 사용하는데 여학생이 만취해서 '차순아, 차순아'를 부르면서 밤새도록 목메어 불렀다. 이야기인즉 차순이라는 선배 남학생이 1학년 여학생 배낭을 들어 주었단다. 난생처음으로 느껴 본 이성의 배려가 감동을 주었던 모양이다.

지금은 아기엄마, 아빠가 되었겠지. 산 아래로 산골짝 물이 흐르고 돌다리로 건너야 하는 자연적인 풍경이 아름다운 곳으로 MT를 가서 맑고 시원한 물에 발 담그고 휴식을 취하는 일이 추억으로 떠오른다. 대학시절은 젊음이 있고 꿈이 많은 발랄한 시절이라서 무엇을 해도 즐겁고 멋있어 보인다.

지금은 해마다 MT 때 졸업한 선배들이 찾아와서 후배들과 아름다운 하룻밤을 같이 지내고 간다. 자신의 학창시절 이야기며, 각 교수의 장단점도 이야기하고 깔깔거리며 즐거운 하룻밤을 보낸다. 끈끈한 선후배 간의 관계가 보기 좋다. 이때를 계기로 사회에 나가서도 서로 연락하는 관계를 지속해 간다.

70학번인 나는 그때는 MT가 없었고 선배들이 신입생 환영 파티라는 명목으로 술독에 빠지게 하여 대학시절이 음주의 시원이 되었다. 오직 막걸리를 마셨으며 지금처럼 소주나 맥주를 마시지 않았다. 아마 배고팠던 시절이어서 양이 많고 값이 싼 막걸리를 마셨던 것 같다. 안주는 마른 콩조림으로 딱딱한 콩을 비둘기가 쪼아 먹듯 깨물어 먹었다. 가끔 동태찌개를 먹기도 했다.

MT행사를 소그룹 동아리 단위로 공통의 취미와 관심을 가진 학생끼리 조를 짜서 활동을 하는 것이 좋을 텐데 하는 생각을 해 본다. 가장 자유롭고 여유 있는 시간운용을 잘못한다면 얼마나 아쉽겠는가.

아무튼 MT시간이 낭비가 아닌 새로운 체험을 하고 추억을 만드는 시간으로 알차게 진행되길 바란다. 오늘 무봉산에서 젊은 학생들과 봄날의 사색을 가져 볼 수 있는 시간이 여유롭다. 시대는 달라도 자연의 아름다움과 따뜻한 인간관계는 변하지 않음을 학생들은 후일 MT를 생각하면 느낄 것이다.

밤 여덟 시쯤 무봉산을 출발하여 대전을 향하였다. 진위면의 저녁 농촌풍경이 그래도 한가롭고 여유 있어 보인다. 평택역에서 대전행 기차에 몸을 실고 기적소리와 함께 야간열차를 달리는 여유도 재미있었다. 항상 이동하며 생활하는 현대인들에게 잊을 수 없는 아름다운 일들이 일어나길 바란다(2010.4.30.).

19. 외로운 슬픔을 넘어

옛날에는 사람이 귀해서 대접을 받았으나 지금은 대중 속에서 외로움에 시달리는 사람이 너무 많다. 바람결에 스치는 나뭇잎같이 부담 없는 이야기를 나누며 살아가야 되는데 마음을 터놓고 진지하게 이야기할 사람이 없기 때문이다. 심지어는 부부간에도 부자간에도 비밀의 장벽을 쌓고 있다.

불신사회가 만들어 낸 풍속이다. 사사로운 작은 이야기를 주변 사람의 눈치를 보지 않고 이야기할 수 있었던 농경사회의 공동체가 때로는 그리워진다. 진정한 이야기는 마음을 열고 신뢰를 가질 때에 가능하다. 돌아가신 할머니는 생면부지의 장사꾼을 만나도 친척처럼 반가워하며 먹을 것을 주셨다. 인간에 대한 사랑과 신뢰를 느끼면서 일상 속에서 자연스럽게 생활해 가신 것이다.

경제적으로 어려워서 먹을 것이 부족했던 60년대 우리의 삶은 내 것 네 것 없이 부족한 것을 서로 나누어 먹고 같이 쓰면서 살아왔다. 지금은 상상할 수 없는 일이지만. 장독에서 인심 난다는 말처럼 우선 먹을 식량이 있으면 여유로운 생활을 해 왔다. 그 넉넉함은 밝게 웃고 정답게 이야기를 나누면서 일상을 살아왔다.

외국인에 비해서 인사성이 부족한 우리는 이제부터 처음 보는 사람에게 다정하게 미소 지으며 이야기하는 운동을 벌여야 하겠다. 인간은 정을 나누며 더불어 살아가는 데 최고의 의미가 있음을 알아야 한다.

　　어느 아주머니는 어느 날 남편의 휴대전화를 보고 슬퍼서 울었다고 한다. 사연인즉 가족은 남편과 부인, 외아들 세 명이 있는데 남편은 과거에 기관장까지 지내고 직장을 퇴직하여 집에서 동네 뒷산을 오가면서 소일한단다. 부인은 회사에 나가 동료들과 수다도 떨면서 지냈다. 어느 날 무심결에 남편의 휴대전화를 보고 놀랐다. 수신인은 오직 부인뿐이며 가끔은 아들의 번호만 있다는 것이다. 친한 친구는 죽고 어디에다 전화할 만한 마땅한 곳이 없기 때문이다. 이 세상에서 오직 전화를 해서 통화할 수 있는 사람이 자신뿐이라는 사실에 남편의 외로움을 짐작할 수 있었단다.

　　사람은 나이 들어 갈수록 사회관계가 축소되거나 단절되어 말년을 쓸쓸하고 외롭게 살게 된다. 외로움의 슬픔을 넘어 진정으로 다정다감한 이야기를 나누기 위해서는 젊어서부터 준비하여야 한다. 이웃사람은 물론이고 자신이 기르는 강아지, 꽃나무 한 그루에도 정성을 쏟으며 대화를 나눌 수 있어야 한다. 독서를 통해서 다양한 간접 경험을 하며 정보를 축적해 가는 노력을 하여야 한다.

　　고산 윤선도는「오우가」에서 "자신과 내 벗이 몇이냐 하니 수석과 송죽이라/동산에 달 떠오르니 그것이 더욱 반갑구나/두어라 이 다섯밖에 또 더하여 무엇하리"라고 하였다. 해남의 아름다운 풍경을 벗삼아 자연을 노래하고 권력을 멀리하고 여생을 살았다. 세월이 흘러 갈수록 자연과 가까이하고 영혼과 친해지는 삶을 살기 위한 준비를 젊은 날부터 철저하게 하여야 한다.

지금이야 세상이 혼자 살기 어려우니 눈높이가 비슷한 친구끼리 만나서 이야기하고 아름다운 곳을 찾아보는 여유를 가질 필요가 있다. 후일 이것은 아름답고 소중한 추억으로 기억될 수 있기 때문에 외로움을 극복할 수 있는 요소가 된다.

　　노년을 함께할 친구와 일자리를 찾는 일은 대단히 중요하다. 앞으로 노령사회가 도래함에 대비하여 건강과 끝없는 자기계발에 힘써야 한다. 정년퇴직 후에 일자리와 소일할 수 있는 친구와 선후배 간에 원만한 관계를 유지하는 일이 소중하다. 그러기 위해서는 항상 배려하고 베푸는 생활을 해야 한다.

　　매사를 긍정의 시각으로 보면서 격려하고 칭찬하는 삶을 살아가야 한다. 물론 평생을 함께하는 반려자와의 동행이 제일 중요하다. 부부 사이에는 손톱 만한 거짓과 가식이 있어서는 안 되며 몸과 마음이 일체하여야 한다. 잠자리에 누울 때에 부부간에 따스한 손을 맞잡고 잠드는 시간도 행복하다.

　　일상의 사사로움을 이야기하며 공유할 수 있음은 행복의 근원이 된다. 외로움의 슬픔을 넘어 웃음 가득한 행복한 삶을 살아가기 위해서 도인의 경지에는 이르지 못해도 자연과 대화하고 흘러가는 구름을 바라보며 사색하는 생활이 필요하다.

　　오늘 집을 나서는데 아내가 방끗 미소 지으며 잘 다녀오라고 인사를 한다. 집안의 참새들도 환송하듯 짹짹 지저귄다. 햇살마저 따뜻한 아침의 출근길이 가볍고 즐거운 것은 아직도 나를 기다리는 초롱초롱한 학생들의 눈동자가 있기 때문이다.

　　하루에 걸려 오는 수십 통의 전화도 분망한 일상의 표시이기도 하다. 삶은 최선을 다하는 노력에 있음을 다시 한번 생각해 본다. 이 세상은 외롭고 슬픈 사연을 넘어 안위와 평화를 주기에 살 만하다.

외롭고 힘든 일을 극복하며 웃음과 여유가 있는 즐거운 시간이 오게 마련이어서 땀 흘려 열심히 살아가면 행복해질 수 있다(2010.5.3.).

20. 철쭉꽃은 벌을 부르는데

　모든 수목이 잎과 가지를 펼치면서 새 생명을 키워감을 찬양하는 계절의 여왕이라는 5월도 반쯤 지나가고 있다. 해가 길어지는 것처럼 5월은 참으로 빨리 가는 것 같다. 키워야 할 새싹이며 맺어야 할 열매가 많기 때문이다. 사람도 청소년기에 건강을 위해 몸을 단련하고 지식을 넓혀 놓으면 평생을 행복하게 살아갈 수 있는 이치와 같다.

　해마다 맞이하는 5월도 자신의 기분과 컨디션에 따라 달라진다. 나는 위 수술로 9일간 병원신세를 지다가 어제 퇴원하여 오랜만에 집 실외 의자에 앉아서 여유를 취하고 있다. 1인 병실이 그렇게 외롭고 싫어 보기는 처음이다. 썰렁한 병실에서 혼자 있자니 온갖 잡생각이 들고 외로움이 엄습해 온다. 잘못하면 우울증에라도 걸릴 것 같았다.

　여러 환자가 있는 다인실은 동상이몽식으로 주변 사람들의 이야기도 듣고 가족과 지인들의 이야기도 들을 수 있어 사람 사는 냄새가 난다. 그래도 보잘 것 없는 우리 집이 포근하고 평화로움을 절감할 수 있었다. 일상을 통한 정이 깊었기 때문이다.

　뜰아래 있는 범의귀가 피운 하얀 꽃도 더 소중해 보이고 대나무순도 생기가 넘쳐흐른다. 며칠 사이 감나무는 한 뼘 이상 새순을 내밀었다. 감나무 가지 사이를 이리저리 분주하게 옮겨 가면서 쉬지 않고 짹짹 지저귀는 참새의 모습이 퍽이나 평화롭게 느껴진다.

세계의 평화전도사처럼 참새의 지저귐에는 근심과 걱정이 없어 보인다. 감나무 잎을 사이에 두고 마치 술래잡기라도 하는 듯 주위를 살피며 자리를 옮긴다. 짝을 찾아 쉴 새 없이 지저귀며 사랑을 고백하고 정답게 두 몸이 한 몸이 되는 짝짓기를 한다. 작은 우리 집 정원에서 매일 보고 가꾸어서 눈을 감아도 다 알 것 같은 정겨운 나무며 새들이다. 젊은이들도 저 참새처럼 열심히 그리고 정성껏 자신의 짝을 찾는다면 홀로 사는 사람은 없을 것 같다. 참새들은 정말로 현명하다. 날씨가 어두컴컴하면 비가 올 것을 알고 울음을 멈추고 집에 들어가 비가 그치기를 기다린다.

현명한 주식투자가가 국제경기의 흐름이 불투명하고 예상되는 악재를 직관하면서 투자를 멈추는 것과 같다. 참새들이 왜 그렇게 요란스럽게 쉬지 않고 지저귀는가를 이제 알 것 같다. 사랑을 구현하기 위해서 반려자를 찾으려고 호감과 사랑의 노래를 한다. 나도 지금부터라도 존경하고 아름다운 사람을 찾아서 참새처럼 지저귀고 싶다. 연약한 잎이 커 가는 신비로움은 창조주의 뜻이다.

하늘을 향해서 계속 연약한 잎을 키우고 이것이 며칠이 지나면 다시 잎이 두터워진다. 머지않아 두텁고 단단한 가지와 잎으로 변한다는 사실을 인식한 듯 그 아름다움을 잠시나마 뽐내려 한다.

천상병 시인은 어린 시절에 눈이 나빠서 고생을 했는데 아버지께서 푸른 나무를 쳐다보면 눈이 좋아진다고 하기에 푸른 나무를 시간이 날 때마다 쳐다보았더니 눈이 좋아졌다는 글을 읽은 기억이 난다. 푸른 나무는 사람에게 희망을 줄 뿐 아니라 정열을 생각하게 하고 새들의 놀이터와 보금자리가 되어 준다. 나도 푸른 나무처럼 새들에게 쉴 터전을 만들어 줬으면 좋겠다.

나무에게 혜택만 받고서도 고마워할 줄 모르는 사람이 있어 안타깝다. 하늘을 향해서 잎과 가지를 뻗으며 태양을 받는 5월의 나무는 볼수록 자랑스럽고 행복해 보인다. 역시 화단의 돌 틈 사이를 점령한 '범의귀'는 번식력이 대단하여 틈 없이 줄기와 잎을 뻗어 간다. 흰 꽃을 피울 준비로 줄기를 길게 내밀고 있다.

동백나무도 새순을 제법 뻗어 간다. 파란 열매를 익혀 가고 그 열매가 떨어지면 땅에서 작은 새싹이 나오겠지. 어느덧 뜰의 철쭉꽃이 만개하여 벌들을 불러 모아 잔치를 벌인다. 나는 누구를 초대하여 어떤 잔치를 벌이는 것이 합당한가를 생각해 본다. 남을 위해서 도와주고 격려해 주며 베푸는 삶이 얼마나 흐뭇하고 가치 있는 삶인가는 체험해 보지 못한 사람은 모를 것이다.

사람은 일상에 감사하며 가진 것을 필요한 사람에게 나눠 주는 행동을 하면서 살아가야 한다. 자신은 넘치는 물건을 소유하고 있음에도 항상 부족함을 느끼는 어리석은 행동을 이제 그만두어야 할 때다. 자신에게는 별로 필요하지 않은 것도 남에게는 필요한 것이 있다. 기쁘게 웃으며 나눠 줄 수 있는 아름다운 행동이 생활화되어야 한다.

초행길을 찾아 헤매며 당황할 때에 자신이 잘 아는 길을 안내해 주는 일이야 말로 그 사람에게는 얼마나 고마운 일이겠는가. 주변을 살펴서 도움이 필요한 사람에게 자신의 능력 안에서 도와주면 된다.

욕심을 버리고 마치 계란에서 깨어나 병아리가 되어 새로운 세상을 보듯이 한 차원 높은 사회를 볼 수 있는 안목을 가져야 한다. 그것은 인격과 도덕적 행위가 습관화될 때에 가능하다. 격려와 위로가 필요한 사람에게는 따뜻한 말 한마디가 수천만 원보다 더 큰 도움이 될 때가 있다.

이렇듯 우리는 베풀 일이 많이 있는데도 현명하지 못해서 베풀지 못하고 있다. 주변을 살펴서 넘치는 물심양면의 소유물을 필요한 사람을 찾아서 나누어 주려는 노력이야말로 소중한 것임을 알아야 한다. 물질이 없을 때에는 진실한 기도와 격려와 위로의 말로 새로운 힘과 용기를 주어야 한다(2010.5.15.).

21. 푸른 나무의 꿈

　며칠 사이에 가로수 플라타너스와 백합나무가 푸른 가지를 훌쩍 뻗어 간다. 돌 지난 아이의 붉은 볼처럼 아름다움과 생기가 넘쳐 난다. 계절을 만들어 가는 나무는 어느 때 보아도 소중하고 정겹다. 철 따라 변해 가는 모습은 볼수록 정감이 넘친다. 마치 돌 지난 손자의 귀여움만큼이나 사랑스럽고 정이 간다.

　봄날의 따사로움 속에 푸른 꿈을 펼쳐 가는 나무들의 축복받은 시간이 고마울 뿐이다, 신록은 어머니의 자식 사랑만큼이나 항상 여유롭고 희망의 꿈이 풍성하다. 겨울의 희망을 펼치면서 푸른 잎을 키우고 꽃을 피워 가는 봄날의 꿈은 풍성하고 소중하다. 젊은 날의 꿈이 영원히 가슴에 쌓여 삶에 활력을 주는 이치와 같다.

　고교시절이나 대학시절에 장래의 장밋빛 꿈을 그리며 당당하고 설레던 시절이 비슷하다는 생각이 든다. 추위를 털어 버리고 따스한 봄 속에서 새잎을 내미는 모습은 신혼의 단꿈에 빠진 부부처럼 꿈과 희망으로 가득 차 있다. 겨울나무는 앙상한 가지를 바람에 흔들며 쓸쓸해 보이지만 새싹의 생명을 고이 키워 가고 있다.

　다만 숨을 죽인 듯하는 아쉬움은 있지만 새 생명의 숨결을 내쉬고 있다. 그러나 봄 나무는 부드럽고 가냘픈 푸른 잎을 키우고 여름날에는 싱싱하며 무성한 가지와 잎을 키워 간다. 무더위에 시달리는 사람들에게 시원한 바람과 쉼터를 조건 없이 만들어 준다. 새 생명의 경이로움 속에 매일매일 달라지는 산야의 초목자태가 우리에게 희망과 설렘을 준다.

나는 며칠 전, 길 건너 앞집 2층에 세 들어 사는 초등학교 3학년 여학생과 여섯 살 된 남자 쌍둥이 아이와 인사를 나누고 가끔 우리 집으로 불러들인다. 오렌지와 과자 그리고 음료수도 주며 이런저런 이야기를 한다. 아이들의 관심은 눈에 보이는 것이 전부다. 집 안의 풀 이름이며 꽃 이름을 묻는다. 한시도 가만히 있지 않고 이리저리 움직이는 모습이 퍽이나 분망해 보인다.

이제 겨우 다섯 번 정도 만났는데 반갑게 인사를 한다. 처음에는 할아버지라고 하기에 아저씨라고 부르라니까 좀 이상한 듯 할아버지와 아저씨를 혼동해서 부른다. 생물학적으로는 당연히 할아버지가 맞지만 나는 아저씨라는 호칭이 훨씬 더 정감이 간다. 아직은 세월의 흐름을 수용하고 싶지 않기 때문인가 보다. 큰 여자아이가 뽑아 놓은 잡초 한 포기를 달라기에 물어보니 집에다 키우고 싶단다.

도시 아이들의 삭막한 환경이 마음을 저리게 한다. 사람들은 아름다운 자연 속에서 동식물과 더불어 살아갈 때에 정서적으로나 정신적으로 여유가 생기고 변화하는 대자연의 이치를 생각하며 생활할 수 있다. 요즘 삭막한 도시의 삶 속에 지친 영혼을 무엇으로 위로해야 할까 생각해 본다. 철 지나면 이름 없는 심산의 풀꽃이 피고 지는 대자연의 폭넓은 품에 안겨 살아가는 것만큼이나 즐거운 것은 없다.

푸른 나무가 울창한 산에 올라가면 풍요로움과 여유가 생겨서 편히 쉬면서 여유를 즐기고 싶어진다. 60년대 땔감으로 나무를 베고 뿌리까지 뽑아서 사용하던 시절과는 달리 지금은 어느 산이나 나무가 울창하게 우거지고 그 안에는 다양한 동식물들을 키우고 있다. 여름산은 나무 밑에서 버섯을 키우고 토끼와 다람쥐들에게 놀이터를 제공해 준다.

어린 시절 어머니와 마을 뒷산 송산에 올라가서 소나무 밑에서 자라나는 싸리버섯을 따던 생각이 난다. 소나무 사이로 부엉이가 날면 겁이 나기도 했다. 컴컴한 숲 사이로 날카로운 노란 눈알을 굴리는 부엉이의 매서운 눈은 지금 생각해도 공포감이 들게 한다. 산야의 모든 초목들이 따사로운 봄빛과 봄비를 맞으며 무럭무럭 자라난다.

이팝나무의 하얀 꽃이 벌 나비를 부르고 행인의 발걸음을 멈추게 한다. 향기 없는 이팝나무지만 5월에 피는 몇 안 되는 꽃 중의 하나라서 사랑을 받는다. 나무는 계절마다 성장을 노래하고 있다. 봄철의 보드랍고 가냘픈 잎에 소박한 꿈을 생각하고 여름날의 푸른 녹음에 열정을 생각하게 해 준다.

그러나 앙상한 겨울나무보다 짙푸른 여름나무가 정이 더 간다. 나무가 없어지면 숲이 없어지고 숲이 사라지면 생명이 사라지는 것이다. 푸른 나무의 꿈이 있는 이상 인간의 삶도 안전하고 내일의 큰 소망도 키워 갈 수 있다. 이른 봄 새싹을 키우며 가지를 뻗어 가는 모습을 볼 때마다 여름날의 푸르고 풍성한 잎을 생각하게 한다. 잎이 커져 녹음을 이루면 새들을 불러들여 안전한 휴식처를 만들어 준다.

땡볕 내리쪼이던 여름이 가면 그 푸른 잎도 성장을 멈추고 푸른 잎은 물들 준비를 한다. 단풍 들고 낙엽 지는 가을이면 탐스러운 열매와 고운 단풍잎을 좋아하던 일이 생각난다. 어린 시절 단풍잎을 줍고 그것으로 갖가지 애장품을 만들며 소중하게 간직하던 기억이 새롭다. 붉은빛으로 곱게 물들어 가는 가을 단풍나무는 성숙의 미를 생각하게 해 준다.

사계의 아름다움을 나무처럼 풍만하게 느끼게 해 주는 사물은 없는 것 같다. 사람도 나이 들어감에 따라서 나무처럼 성숙한 언행을 하여야 한다. 어려움을 겪는 사람에게는 위로와 격려의 말을 해 주고 자신이 넘치는 사람에게는 여유를 즐기라면서 평범한 삶의 이치를 이야기해 주는 일을 즐겨야 한다. 자신의 존재 가치와 위치를 모르고 분별없이 여기저기 기웃거리는 사람들의 행동이 서글퍼 보이는 현실이 안타깝다(2010.5.24.).

22. 감꽃 떨어지는 날

우리 집 뜰에 20년, 30년 된 감나무 두 그루가 있다. 감나무 품종이 월하로 감이 크고 달며 맛이 있다. 길 건너 이웃집과 윗집에도 감나무가 한 그루씩 있다. 하늘에서 보면 사각편대를 이뤄 감나무가 경쟁하듯 하늘을 향해 자라난다.

사방이 건물이라서 햇볕 받기에 장애가 되니 아무것도 거리낌 없는 하늘을 향해 뻗어 간다. 연한 푸른 잎과 가지를 펼치면서 자라나는 감나무가 참으로 보기 좋다. 맑은 하늘과 흰 구름이 조화를 이뤄 마음을 편안하게 만들어 준다. 욕심 없고 티 없는 맑은 참새가 이 가지 저 가지를 오가며 쉬지 않고 노래를 부른다.

이 세상도 저 감나무와 푸른 하늘처럼 아름다운 조화를 이루면서 참새처럼 살아가면 탐욕과 질투가 없는 사랑과 이해의 따스함만 있을 텐데 하는 생각에 아쉬움이 든다. 어제부터 도로 위에 사각형의 하얀 감꽃이 떨어지기 시작했다. 잿빛 도로를 하얗게 뒤덮는 감꽃이 풍요로워 보인다. 우리 조상들은 옛날에 먹을 것이 부족했던 시절 감꽃을 주워서 먹었다고 한다.

아마도 간식처럼 입매를 하여 고픈 배를 채워 주었나 보다. 어디에서 날아왔는지 벌들이 감꽃의 꿀을 따느라고 여념이 없다. 그간에 통 볼 수 없었던 벌들이 어떻게 감꽃 냄새를 맡고 찾아오는지 신기하기 그지없다.

사람도 벌처럼 새로운 도전을 위해서 호기심 있는 미개척지를 찾아 나서야 한다. 고통과 어려움을 인내하면서 목적을 달성했을 때에 느끼는 보람은 무엇으로 표현할 수 없을 것이다. 밤잠을 자지 않고 새벽녘까지 공부하던 학생이 원하는 대학에 입학했을 때에 느끼는 승리의 기쁨을 상상해 봐야 한다. 하얀 감꽃이 떨어지기 시작하면 감꽃 쓸기에 아내는 바쁘게 빗자루질을 한다.

집사람은 아침저녁으로 하루에 두 번씩 떨어진 감꽃을 쓸어 낸다. 해마다 감꽃 떨어지는 날은 벌을 생각하고 곶감을 생각하는 의미 있는 날이다. 2층 옥상에 있는 화분의 꽃들은 새 가지를 뻗히면서 붉은 꽃들을 피우기 시작한다. 항상 피어나는 제라늄 세 종류도 연분홍, 빨강, 주홍색 꽃을 피우기에 신이 나는 것 같다.

일 년 내내 쉬지 않고 꽃을 피우는 제라늄의 질긴 생명력은 어디에서 온 신비로움일까. 공작선인장이 화려한 꽃대를 내민다. 공작선인장은 이름만큼이나 화려하고 크며 잠깐 꽃을 피운다. 가시선인장이 수많은 가시 사이로 분홍 꽃을 여섯 송이나 피워 간다. 햇볕 내리쪼이는 낮에는 활짝 피어나지만 해가 지면 함께 꽃잎을 닫는다. 삼사일 꽃을 피우다 시들면 다른 꽃대를 내미는 선인장은 가시 사이로 어떻게 저렇게 곱고 아름다운 꽃을 피울까를 생각해 본다.

남에게 저 꽃처럼 아름다움을 선사하는 일이 우리 사회에 만연했으면 좋겠다. 2층에서 감나무를 바라보면 벌들이 꿀을 빼는 부지런한 모습까지 볼 수 있어 좋다. 해마다 감꽃이 떨어지는 날이며 벌들이 모여들고 하얀 감꽃을 우두커니 쳐다보는 여유가 있어서 좋다. 감꽃은 이삼일도 못 피우고 진 꽃을 오므려 감을 키워 간다.

그렇게도 많이 꽃을 피워서 속절없이 떨어뜨리고 아쉬움 없이 새로운 열매를 맺어 가는 감나무가 대견스럽기도 하다. 감꽃 떨어지는 날은 화사하고 풍성하여 마치 사람이 이승에서 저승으로 가는 길 같다는 생각이 들기도 한다. 어느 하나 부족함이 없이 여유와 풍성함을 길에 버리고 익을 열매만 맺는 감나무가 대단해 보인다.

하루도 쉬지 않고 그렇게 많은 감꽃이 떨어져도 가을에 감이 매달리는 것을 보면 얼마나 많이 감꽃을 피웠는지를 알 수 있다. 이 감이 비바람 맞으며 자라나서 가을에 빨갛게 익어 가면 몇 백 개는 깎아서 곶감을 만들고 몇 백 개는 옹기에 담아서 홍시를 만든다. 감나무는 하나도 버릴 것이 없는 소중한 나무다. 봄에 잎이 자라 여름철에 잎이 딱딱해지기 전에 잎을 따서 음지에 말려서 달여 먹으면 고혈압에도 좋고 음료수로도 품격이 있다. 넓고 많은 잎은 여름날에 그늘을 만들어서 나그네들을 쉬게 해 준다.

감나무 그늘의 시원함에 나그네도 지친 몸을 쉬어 간다. 목마른 사람에게 물 한 모금 줄 수 없는 많은 현대인들이 때로는 불쌍하다는 생각이 든다. 하늘을 향해 푸른 잎을 펼쳐 가는 감나무처럼 우리의 삶도 어설픈 것을 벗어던지고 무한한 사랑과 아름다움을 향해 살아가야 할 것이다.

우리 집 사람들은 홍시와 곶감을 먹지 않는다. 아들 역시 입에도 안 댄다. 오직 나만 감을 좋아해서 모두가 내 것이 된다. 아직도 냉장고에는 크고 달콤한 손바닥만 한 큰 곶감이 있다. 생각나면 지금도 가끔 하나둘씩 꺼내 먹는다. 눈 내리는 겨울날 차가운 홍시를 하나 먹는 시원하고 달콤한 맛은 무엇과 비할 수 없이 기쁘다.

어떻게 보면 감은 전통과 현대의 음식과 식성에 조화를 이루어 준다는 생각을 하게 된다. 어쨌든 나에게는 하나도 버릴 것 없고 외면할 것이 없는 모두가 좋은 감나무다. 감나무 꽃이 필 때에 고마움과 넉넉함을 생각하고 아름다운 시간을 가질 수 있음에 행복을 느낀다 (2010.6.1.).

23. 바다와 아빠의 사랑

　나에게는 두 아들이 있는데 큰아들은 서울에서 러시아학을 연구하고 있으며 작은아들 바다는 집에서 대학을 다닌다. 큰아이는 한두 달에 한 번 정도 집에 온다. 바다는 복학생이고 항공우주학과라는 새로운 학문을 연구하는 4학년생이어서 학습활동으로 밤을 지새우는 날이 많다. 그때마다 고생하는 바다가 안쓰러워 보이지만 어떻게 아무것도 해 줄 수 없는 자신이 야속하다.

　바다와 나는 군 생활을 빼고는 항상 같이 생활해 왔다. 스킨십을 싫어하기 때문에 바다를 가슴에 안아 본 적이 거의 없다. 지금도 악수를 청하면 마지못해서 손을 반쯤 잡는다. 목욕을 같이 가자면 차일피일 미뤄서 아직 한 번도 같이 못 갔다. 어린 시절 유치원에 다닐 때에 차로 몇 번 태워 준 적이 있고 운동회 날 응원해 준 일이 전부인 것 같다.

　유치원에 다닐 때 아침마다 할아버지께서 5백 원짜리 동전을 한 닢씩 주면 마을금고에 들러서 매일 저금을 하고 가끔 여직원이 먹던 바나나 하나를 주면 집까지 들고 와서 식구와 나눠 먹으려고 했다. 어느 날은 천 원짜리 한 장을 주면서 아이스크림을 사 먹으라고 하니까 동네 슈퍼에 갔다가 그냥 돌아오는 것이었다. 사연인즉 아이스크림을 사려니까 팔백 원을 달라고 해서 값이 너무 비싸다고 생각해서 사지 않고 돌아온 것이다.

매사에 신중하고 돈을 소중하게 생각하는 아들이다. 친구와 싸움 한번 한 적이 없다. 마음씨가 착하고 모든 일상을 충실하게 생활한다. 초·중교시절에는 꽤나 공부를 잘해 일이 등을 차지했다. 고교시절에 해찰을 부려서 성적이 중위권으로 떨어졌다. 그래서 대학을 서울로 못 가고 지방대학에 들어갔다. 늦게 깨달았는지 지도교수의 영향을 받았는지 참으로 열심히 공부를 해서 학과에서 수석을 놓치지 않는다.

나는 바다의 고교시절에 중·고등학생 스무 명을 인솔하고 일본에 함께 간 적이 있다. 그중에 어떤 아이가 책임자인 나에 대하여 불평을 하니까 직접 가서 이야기하라며 입을 막았다는 이야기를 들었다. 물론 본인은 내색도 하지 않았지만 후일 일행을 통해서 알게 됐다. 과묵하고 믿음직스러운 모습이 항상 대견스럽다.

4년 전 할아버지가 돌아가셨다. 바다는 병석에 누워 계신 할아버지를 보고 눈물만 흘리면서 병실을 나왔다. 얼마나 마음이 아플까를 짐작하면서 고운 마음씨에 가슴이 많이 아팠다. 지금도 할아버지 기일에는 꼭 참석해서 예를 올리며 할아버지 생각에 눈시울을 적신다. 대학시절 처음으로 여고생을 사귀면서 헤어지는 아픔을 극복하던 모습이 가끔씩 눈에 선하다. 같이 이야기하고 손만 잡아도 가슴 떨리며 좋아했던 시간이다. 사람은 이런저런 과정과 경험을 겪으면서 성장해 가게 마련이다.

지금은 교제하는 여학생을 위해서 가끔씩 책을 보면서 아름답고 맛있는 케이크를 만들어서 선물하기도 한다. 내가 한쪽 달라니까 안 된다며 그냥 가지고 간 후에는 케이크를 만들 때에 반드시 내가 먹을 수 있는 한쪽을 더 만드는 마음을 보고 고마운 생각이 든다. 밤늦도록 공부하다 한두 시간 겨우 눈을 붙이고 등교하는 바다가 안쓰러워서 나는 가끔 차를 태워 준다.

며칠 전에 바다가 학교 갈 준비를 다 하고 있어 아빠가 태워다 주겠다며 준비를 하려 하자 바다는 얼른 괜찮다며 집을 나선다. 몸이 불편한 아빠를 배려하는 마음이 참으로 기특하다. 부자지간의 사랑도 상대방을 먼저 생각하고 배려하는 마음이 우선해야 한다. 나는 얼마 전부터 습관처럼 두 아들의 건강과 미래의 합당한 역할을 기원하는 신실한 기도를 하면서 잠자리에 들고 잠에서 깨어난다. 세월 탓인지 이제는 국가와 민족보다는 두 아들을 위한 기도를 많이 하게 된다.

세상이 갈수록 바쁘게 돌아가지만 앞으로 시간을 만들어서 아들과 함께 해외여행을 할 준비를 해야겠다. 지난해 큰아들과 바다와 셋이서 러시아 블라디보스토크와 우수리스크 등의 극동지역에 여행 갔을 때도 많은 이야기를 나누고 소중한 시간을 가져서 즐거웠다. 평소에 못 한 이야기를 스스럼없이 나눔으로 관계를 복원시키고 이해의 영역을 넓혀 갈 수 있어서 좋았다.

지난해 여름에는 바다와 엄마가 유럽여행을 하면서 엄마를 배려하고 아끼는 지극한 마음을 집사람이 이야기한 적이 있다. 성격이 매우 내성적이며 섬세해서 연구원 같은 곳에서 근무를 하면 적성이 맞을 것 같다. 아무쪼록 실력대로 직장을 선택하고 성실하게 건강한 일상을 살아가길 바랄 뿐이다.

오늘은 여름처럼 날이 무더웠는데 저녁때에 바다가 아이스크림 세 개를 사 와서 엄마, 아빠에게 하나씩 주면서 자신도 먹는다. 크고 작은 일에도 항상 부모님을 먼저 생각하는 마음이 그저 고마울 뿐이다. 바다와 나는 성격도 다르고 취미도 다른 것 같다. 2층 옥상에 내가 정성껏 가꾸는 꽃에 대하여 전혀 관심이 없이 그냥 지나친다.

화려한 공작선인장이 꽃 피고 제라늄이 활짝 분홍 꽃을 피워도 볼 생각을 하지 않는다. 지금이야 공부하기에 여념이 없고 피로가 누적되어 그럴 것이라고 생각된다. 바다와 함께할 수 있는 일을 찾기에 좀 더 관심을 갖고 싶다. 사랑하는 두 아들을 위해서 내가 할 수 있는 과제를 찾기에 더 많은 시간과 정성을 쏟아야 될 것 같다. 지금처럼 건강하고 희망을 향해서 열심히 생활해 가기를 바란다(2010.6.4.).

24. 향기 없는 백년초 꽃을

　작년 봄에 화원에서 5천 원을 주고 사 온 백년초를 2층 옥상에 놔두었다. 추운 겨울을 무사히 잘 넘기더니 3월에 새 잎을 내밀었다. 이제 3단계의 잎을 키우고 있다. 다른 식물에 비해 성장이 매우 활발하고 빠른 것 같다.

　많은 사람들이 우리의 전통 꽃인데도 외국선인장으로 착각하며 볼품이 없어서 별로 좋아하거나 관심을 갖지 않는다. 가시 달린 푸른 잎에서 3일 전부터 꽃봉오리 네 개를 내밀더니 연노란 꽃 두 송이를 오늘 점심시간에 피웠다. 첫 꽃을 집사람이 먼저 봤다. 나한테 즉시 문자를 보내 빨리 집에 와서 백년초 꽃을 보라는 내용이었다. 나는 단걸음에 달려와서 너무 아름답고 보기 좋은 백년초 꽃을 집사람과 한참을 바라보았다.

　연노란색에 가냘픈 꽃잎이며 수많은 수술에 싸인 가운데서 군계일학처럼 솟아난 암술이 고개를 내밀고 있다. 백년초 꽃처럼 빨리 보고 싶으며 만나고 싶은 사람들이 주변에 얼마나 있을까를 생각해 본다. 새롭고 신기하며 아름다운 것에 대한 사람의 관심과 욕망은 같은 것 같다.

　사람도 백년초처럼 순수하고 욕심이 없으며 정이 넘쳐흐를 때 주변에 사람들이 모여들게 마련이다. 사람이 거짓과 욕심 없이 순수하게 살아가기란 쉽지 않지만 그렇게 살아가려고 노력할 때에 생활이 달라지게 마련이다. 백년초의 꽃 색깔은 아름다운데 향기가 전혀 나지 않는 것이 아쉬움이다. 엷은 꽃잎에 둘러싸인 꽃을 수술이 가득 메우고 암술은 가운데 하나만 나와 있다. 이 아름다운 꽃이 왜 향기가 없는 것인가를 생각해 본다. 향기는 없어도 꽃이 아름다워 눈을 뗄 수가 없다.

백년초는 대한민국 토종으로 시골 울타리에서 잘 자란다. 사람이 가꾸거나 관심을 갖지 않아도 그냥 잘 자라난다. 백년초는 사계절이 뚜렷한 기후에서 자라며 물을 좋아하고, 겨울철에는 노지에서도 얼어 죽지 않는 생명력이 강한 선인장이다.

시골의 돌담 아래서 백년초는 무리 지어 자라나고 6월이 오면 연노란 꽃을 피운다. 꽃이 지면 분홍색의 열매를 맺는다. 이 열매를 단지에 담그면 분홍빛 음료수가 되어 사람들이 즐겨 마신다. 박토에서도 잘 자라나는데 가장 알맞은 토양은 황토 70%, 사질토 30%인 땅이다. 어떻게 보면 돌담 옆의 메마른 땅에서 식물이 자랄 수가 있을까 하고 생각하지만 백년초는 염려를 극복하며 잘 자라난다.

가시가 있어 개나 닭 같은 동물의 근접을 막고 사람들이 쉬이 뽑아 버리는 잡초와는 사정이 다르다. 성분은 줄기, 열매, 씨앗, 뿌리 등에 유효성분이 많아 다양하고 요긴하게 사용한다. 열매의 맛이 달아 음료수로 귀하게 사용한다. 외관은 솜털가시로 싸여 있으며 길이는 30㎝ 정도 자라난다. 번식력이 강해서 수시로 잎을 뻗으며 잘 자란다.

앞으로도 며칠은 네 송이 꽃을 더 볼 수 있어 기대가 된다. 꽃이 한번에 피어나지 않고 시간을 두고 피어나서 며칠씩 꽃을 볼 수 있다. 우리 민족의 은근과 끈기의 습성 같기도 하다.

다른 꽃들처럼 화분에 물을 주지 않아도 백년초는 잘 자란다. 사람도 백년초처럼 소리 없이 타인에게 아름다움을 선물할 수 있는 행동을 해야겠다. 부족한 나 자신의 건강과 영광을 위해서 꾸준히 축복의 기도를 해 주고 있는 고마운 사람에게 항상 감사함을 잊지 않고 있다. 나도 시간을 잘 관리하여 남을 위해서 축복의 기도를 해 줄 수 있는 시간을 좀 더 많이 가져야겠다.

남모르게 더럽고 추한 곳을 솔선수범하여 청소하고 관리하는 사람이 필요하다. 세상도 평소에는 눈에 띄거나 필요하지 않는데 위급 상황이 벌어지거나 어떤 어려움에 봉착했을 때에 꼭 필요한 사람이 있다. 마치 백년초 같은 사람이다. 숨은 능력을 세상이 원할 때에 아낌없이 줄 수 있는 사람은 행복하고 복을 받은 사람이다.

그래서 헌신 봉사하는 아름다움에 삶의 가치를 두고 열심히 어려운 곳을 찾아서 일하는 사람이 행복한 것이다. 값진 자산은 남을 위해서 자신이 해 줄 수 있는 영육 간의 능력이다. 우리 집 골목길을 하루에 한 번씩 오가며 휴지를 줍는 할머니가 있다. 그분은 헌 신문지 같은 폐지를 가져가면 집 안의 쓰레기통을 반드시 치워 준다.

하루 종일 폐지를 주워서 팔면 칠팔천 원의 수입을 올린단다. 이 돈을 자신의 피붙이인 초등학교 3학년생인 손자에게 브랜드 있는 운동화를 사는 데 사용한다. 할머니의 얼굴이 항상 밝은 것도 돈을 벌어서 사랑하는 손자를 위해서 자신이 할 수 있기 때문이다. 희망과 꿈은 대소에 의미가 있는 것이 아니라 사람마다 작은 것부터 소중하기 때문에 모두 이룰 수 있도록 격려해 주고 지원해 주는 일이 필요하다.

집사람과는 그간 정이 들어 가끔씩 떡, 음료수 같은 먹을 것을 드린다. 사람은 오가는 교류 속에 관심을 갖게 되고 관심은 정을 만들어 가는 것 같다. 향기 없는 백년초에 아름다운 꽃이 피어나듯이 표시 나지 않지만 사람에게는 휴지 줍는 할머니처럼 고운 마음이 있는 것 같다.

그 고마운 마음이 한데 모여 살기 좋고 인심 좋은 세상을 만들어 갈 수 있다. 백년초의 아름다운 꽃을 볼 수 있음이 더없이 고맙고 행복한 마음이 든다. 다른 사람의 마음을 쉽게 알 수 없듯이 백년초에 아름다운 꽃이 피는 줄 아는 사람이 얼마나 될까를 생각해 본다 (2010.6.11.).

25. 고달픈 농사일

제삼자의 입장에서 농사짓는 일은 아름답고 풍요로워 보이지만 실제로 하는 당사자는 고통의 연속이다. 돌아가신 어머니께서 사 주신 밭을 지난 사반세기 동안 방치하다가 올봄에 3백여 그루의 반송을 심었고, 몇 그루씩 대추나무, 블루베리, 매실나무 등을 심었다.

외형적으로는 나무농장의 틀을 만들어 보았다. 시작은 정말로 아름다웠다. 식재한 나무가 무럭무럭 자라서 후일 아름드리 나무가 될 수 있다는 소망도 가져 보았다. 그러나 이 아름다움도 가꾸지 않으면 의미가 없는 것 같다.

3월에 간신히 인부를 사서 나무를 심고서 방치했다가 몇 달 만에 처음으로 밭을 찾았다. 학생들의 학습활동도 꾸준히 지속할 때에 성적이 유지되는 것과 같은 이치다. 농장의 나무도 주인이 꾸준하게 관리할 때에 튼실하게 커 갈 수 있다. 자주 와서 잡초가 크기 전에 뽑아 주면 아주 쉬운 일인데 왕성하게 자란 잡초를 제거하려니 매우 힘이 든다. 농지에는 대부분 나무를 심고 약간의 감자와 땅콩을 심었다.

오늘은 고구마순을 사다가 심기로 하고 집사람과 함께 농장을 찾았다. 검정비닐을 덮어 잡초가 못 자라게 조치를 취했는데도 나무 사이로 풀이 자라 엉망이다. 밭이 아니라 잡초가 우거져서 버려진 밭처럼 보인다.

이대로 두면 바로 나무가 죽을 것 같다. 명아주와 바래기풀이 나무 사이로 자라서 나뭇잎을 가리고 있어 나무가 죽을 지경이다. 옆의 두 고랑에 참깨 씨를 뿌렸는데 참깨는 간 곳이 없고 잡초만 무성하게 자라났다.

다행스럽게 땅콩은 잡초와 더불어 노란 꽃을 피웠다. 문제는 땅콩 꽃줄기가 땅속으로 뿌리내리지 못하고 말라 죽는 것이다. 30㎝ 이상 자라난 잡초 속에서 겨우 생명줄을 이어 가고 있는 땅콩이 보기가 미안하다. 옆 둔덕에 비닐을 덮고 심은 참깨는 잡초에 싸여 도저히 살아날 기미가 보이지 않는다.

몇십 평의 밭을 가꾸기가 이렇게 힘이 든 것은 내가 입원하기 전부터 회복할 무렵까지 한달여 이상 방치해둔 산물이다. 옛날 시골할아버지가 새벽이면 논과 밭으로 나가 어린 잡초를 전혀 힘없이 뽑아 주었던 생각이 난다. 어린 잡초는 뽑는 데 힘이 들지 않아 손쉽게 뽑을 수가 있다. 잡초가 어릴 때에 손으로 뽑거나 호미로 김을 매 주면 아주 손쉽고 시간도 얼마 걸리지 않는다. 그런데 잡초가 한 자 이상 자란 후에는 뿌리가 튼튼하여 잘 뽑을 수도 없어서 힘이 들고 비능률적이다.

대강 풀을 뽑아 주니 마음부터 상쾌하다. 어느 일이나 노동을 통한 기쁨과 보람이 뒤따라야 한다. 땀 흘린 노동 후에 느끼는 만족감과 성취욕은 대단하다. 아마도 이 기분으로 땀 흘려 농사를 짓는 것 같다.

교육자가 삐뚤게 생활하는 제자를 지성으로 감동시켜서 올바르게 지도하여 후일 훌륭한 사람으로 성장했을 때에 느끼는 기분일 것이다. 가끔 텔레비전에 귀농이라는 프로그램이 방영되는데 그 사람들의 고통과 어려움을 이해하여야 한다. 농업이 그렇게 낭만적이고 아름답지만 않다는 사실이다.

도시 생활을 청산하고 사철 변해 가는 자연 속에서 여유와 낭만을 구가하면서 행복하게 살아가고 있는 것 같지만 그 속에 담긴 애환을 이해하여야 한다. 70학번인 나는 학창 시절에는 여름방학이 오면 해마다 농촌봉사활동을 떠났다. 충남 부여군 은산면 곡부리로 봉사활동을 갔다. 고운 손이 부르트고 온몸이 땀으로 뒤범벅이었다.

저녁식사 후에는 마을 앞 냇가에 나가서 시원한 물로 목욕을 하여 하루의 피로를 풀었다. 지금 생각해도 도전과 열정의 시기였다. 작열하는 태양과 더불어 땀 흘리며 김을 매고 즐거워할 수 있었던 젊은 날의 추억에 감사할 뿐이다. 시간은 지나가면 돌이킬 수 없어서 아쉽고 그리워지지만 특히 젊은 날의 시간에 더 많은 애착이 가는 것은 순수한 열정의 시간이었기 때문이다.

대학 서클에서 농촌봉사활동을 갔는데 당시 여학생들은 취사와 마을 청소를 담당했고 남학생들은 담배 밭과 논에서 김매기를 하였다. 푹푹 찌는 무더위 속에 논에 들어가 벼 사이로 자라고 있는 피를 비롯한 잡초를 뽑는 일은 어지간한 사람은 인내하기 어려운 일이다.

이 당시의 봉사활동은 부족한 농민들의 일손을 도와주기 위해서 농업노동을 하는 것이 전부였다. 피해를 주지 않기 위해서 식사는 학생들 자신이 지어 먹었다. 서툰 솜씨로 식사를 차려 오면 그냥 맛이 있어 서너 공기씩 밥을 먹던 기억이 새롭다. 노동 후에 먹는 식사는 무엇과 견줄 수 없이 맛이 있다.

몇 년 전에 친구가 있어 마을을 방문했는데 1972년도 농촌봉사활동

당시에 마을회관에 기념으로 동아리 이름을 쓴 거울을 기증하였는데 36년이 지난 지금까지도 글씨가 선명하게 남아 있었다.

시간의 흐름에 연연하지 않고 자연의 순리대로 살아가는 농촌의 현실을 보는 것 같아 마음이 찡하다. 아무리 고달픈 농업노동이라 할지라도 생기 넘치는 작물들의 숨결 소리가 항상 흐르고 있어 활력이 있다.

이런저런 농촌에 대한 생각을 하면서 농장 전체를 살펴보았다. 앞으로 수십 년의 시간이 흐른 후에는 지금 심어 둔 나무의 키가 몇 미터씩 자라나 많은 그늘을 드리우고 나무 밑에는 잡풀이 자라날 생각도 못 할 것이다.

후일의 풍요로움과 나무의 풍성함을 생각할 수 있는 여유도 노동의 대가인 것 같다. 사람은 항상 내일의 소망을 생각하면서 열심히 성실히 살아갈 때에 나무의 성숙 같은 아름다움을 볼 수 있을 것이다 (2010.6.15.).

26. 5월의 푸른 날에

초록의 대명사며 상징이 되어 버린 5월은 생각만 해도 마음이 설레고 어디론가 떠나고 싶다. 산하가 온통 초록으로 뒤덮인 푸름과 아름다움 때문이다. 눈이 시리도록 천지가 새 생명으로 빛나고 있는 5월이다. 산하의 초목들은 각기 짙고 옅음의 색으로 단장하고 이것이 조화를 이루어 푸르고 아름답게 보인다.

제일 늦게 싹을 틔우는 대추나무도 제법 새싹을 내밀었다. 제일 먼저 잎을 내민 버드나무는 그럴듯한 줄기를 키웠고 감나무도 꽃망울을 만들어 머지않아 감꽃을 피울 모양이다. 울안의 매실이 커 가고 대나무도 새순을 마음껏 뻗어 간다.

꿈결 같은 초록이 한없이 흐르는 아름다운 계절이기에 볼품없는 하얀 찔레꽃도 더없이 소중해 보인다. 볼품없는 흰색의 홑꽃이지만 향기가 주위의 벌과 나비를 불러들인다. 생명이 힘차게 자라나는 오월의 대지는 어머니 품 같은 넉넉함이 있어 세상 모두를 감싸 안는다.

셰익스피어는 오셀로의 질투를 녹색 눈 괴물에 비유하지만 녹색은 시력을 좋게 해 준다. 시인 천상병은 중학생 때에 시력이 나빠서 아버지에게 말했더니 녹색을 많이 바라보라고 해서 시간이 날 때마다 녹색을 바라보았더니 0.5이던 시력이 0.8로 좋아졌다고 그의 시에서 말하고 있다.

녹색은 포근하고 따뜻한 마음을 갖게 해 준다. "초연한 초록빛 연정의 이파리 사랑이 젖으면 새파릇하게 솟아 오려 하지." 초록빛 연정을 노래한 어느 시인처럼 풍성하고 지순한 사랑의 노래를 부르며 꿈결 같은 사랑을 한번 해 보고 싶다.

신록이 물결치는 오월에 산을 오르는 것은 넘치는 정기를 받고 초록빛 초목을 보며 막힌 가슴을 열고자 함이다. 연두색 새순이 자라나는 모습을 즐길 수 있고 기쁨을 만끽할 수 있어 좋다. 정답고 그리운 산을 자주 가지 못함은 게으름이 첫 번째요, 힘들고 귀찮음이 두 번째요, 함께 산길을 걷고 싶은 동행자가 없는 것이 세 번째다.

산야의 푸른 광경을 그리며 손바닥만 한 앞마당에 심겨진 초목을 살피는 것으로 위안을 삼는다. 물을 주고 커 가는 모습을 바라보며 마음속으로 축복해 주는 것이 전부이다. 간혹 벌레와 진딧물을 잡아 준다. 우리 집에 있는 두 그루의 감나무에는 농약을 전혀 살포하지 않고 아내가 집게로 벌레를 잡고 참새도 거들면서 감나무 잎을 지켜 간다. 그러나 진딧물만은 손으로 잡을 수가 없어 농약을 살포해야 구절초를 지킬 수 있다. 화분에 심은 구절초 잎에 진딧물이 심하게 생겨서 농약을 주려고 분무기를 찾았다. 크기가 한 자 남짓한 분무기를 찾아서 아무리 좌우로 피스톤을 조작해 봐도 물이 나오지 않았다. 윗집 아저씨에게 수리를 부탁했다. 아저씨는 손쉽게 고장 난 곳을 찾아서 고쳐 주었다. 고장 난 분무기 덕분에 화사한 봄날의 휴일에 이웃을 처음으로 방문하게 되었다.

분무기 구조를 몰라서 물구멍을 바늘로 뚫으려 하던 생각에 나는 아내와 한바탕 웃었다. 그 바람에 앞집 아저씨가 왔다. 아저씨는 행정

수도 건설예정지 인근인 연기군 대평리에 8백 평가량의 집 딸린 농지를 구입하여 전원주택으로 이용하고 있었다. 세 가구는 쉽게 합의를 보아 우리 집 차 한 대로 별장 전원주택에 가기로 했다.

한 시간 정도 산하를 가르며 달려오니 초록빛 야산 아래 집 한 채가 있었다. 외딴집인데도 입구까지 정부에서 아스팔트 포장을 해 주었다. 우리의 경제수준이 여기까지 온 것 같다. 내가 1978년에 처음으로 대만에 갔을 때에 논두렁까지 아스팔트가 포장된 것을 보고 놀란 기억이 난다. 공업화가 진행되면서 석유제품을 생산하는 과정에서 찌꺼기로 피치가 나와 어쩔 수 없이 도로포장용으로 사용한다는 것이다.

아스팔트 끝자락에 차를 세우니 양쪽에서 뻗어 오른 향나무가 아치 모양을 이루고 있어 마치 동굴을 지나가듯 대문이 이색적이다. 앞마당에 들어서니 자갈로 깔아 놓은 마당에는 자갈 틈 사이로 고개 내민 민들레꽃이 피고 져서 우주발사기 같은 모양을 한 흰 원형으로 씨를 날릴 준비를 하고 있다. 물론 지금 꽃을 피우는 게으른 민들레도 있었다.

주변은 감나무, 앵두나무, 벚나무, 섬잣나무 등으로 잘 가꾸어져 있고 매발톱, 금낭화, 애기똥풀, 모스핑크(꽃잔디) 등 이름 모를 야생화와 야생초로 가득하다. 3백여 평 정도의 넓은 마당에 이렇게 많은 종류의 식물들이 살고 있음이 자연의 경이로움을 느끼게 한다.

마당 북쪽 벚나무 아래에 있는 30여 평 되어 보이는 연못에는 30㎝가량 되는 비단금붕어 이십여 마리가 한가로이 유영을 하고 있다. 금붕어는 이곳에서 자연 부화하여 처음에는 수십 마리가 있었는데 너구리와 물총새가 잡아먹어 금붕어 개체수가 줄었다는 이야기다. 자연의 먹이사슬은 균형 있는 종을 유지하며 살아가는 슬기로움이 있다.

인간의 끝없는 금력과 권력욕이 창피하다는 생각이 든다. 숲 속으로 둘러싸인 집을 둘러보는데도 즐거웠다. 마침 분홍색 철쭉꽃과 주황색의 영산홍이 그늘을 드리워 주었다. 우리는 자리를 잡고 잘 익은 매실주를 마시며 오랜만에 이웃 간의 정을 나누었다. 내가 앉은 뒤는 푸른 산으로 둘러싸이고 그 아래는 벚나무가 떡 버티고 있고 또 아래는 철쭉과 영산홍이 그늘을 드리우고 있어 삼층집 같은 느낌이 들었다. 앞은 탁 트인 들판이 있는 마을이 펼쳐 있었다. 마치 개선장군의 환영단상처럼 느껴졌다.

내가 집에서 가져간 스위트 와인 한 병이 단맛 덕분에 게 눈 감추듯 순식간에 사라졌다. 윗집 아저씨가 가져온 잘 익은 매실 한 병도 이런저런 이야기 속에 사라져 버렸다. 집주인 아저씨는 별장 어느 곳에 보관한 사주(蛇酒) 한 병을 가져왔다. 나는 원래 사주를 못 먹어서 술잔만 따라 주었다.

얼큰하게 취한 초로의 이웃 아저씨가 앞으로 자주 만나자며 형제의 서열을 정하였다. 도시에서 보기 드문 관계가 형성된 것이다. 아직도 우리나라 사람들은 연령에 따라서 형, 동생의 호칭을 자연스럽게 부르고 있다. 집사람과 윗집 아주머니가 지천으로 널려 있는 돌미나리와 두릅 순을 뜯었다.

연한 미나리, 부추도 함께 뜯어 풍성한 봄나물을 마련했다. 부인과 이웃집 아주머니는 음식 만들기에 분주하다. 오나가나 음식 만들기가 여자의 몫이라고 인식하고 있는 자신의 마음이 미안할 뿐이다. 하루라도 빨리 배워 야외에서만큼은 자신이 맛있는 음식을 부인에게 주었으면 하고 소망해 본다.

취흥과 더불어 어느덧 태양은 서산으로 기울고 있었다. 모처럼 느껴

보는 한가롭고 평화로운 시간이었다. 항상 느끼는 것이지만 한없이 풍성한 자연의 고마움과 경이로움에 다시 한번 감사한 마음이 든다. 이웃 간이 모처럼 함께한 화려한 외출은 즐겁고 재미있어서 오랫동안 기억에 남을 것 같다.

27. 도시의 나무

　도시의 나무를 볼 때마다 미안하고 고마운 마음이 든다. 매연과 소음으로 숨이 찰 것 같은 환경에서도 죽지 않고 잎을 피우는 가로수가 인간에게 맑은 공기를 공급해 주기 위해서 사력을 다하고 있다.

　어려운 여건에서도 불평 없이 감사해하며 사회와 어려운 사람을 위해서 기쁘게 봉사하는 사람과 같다는 생각을 해 본다. 우리 사회가 아름다운 것은 어렵고 힘든 이웃을 위해 소리 없이 도와주는 사람이 많기 때문이다.

　아프리카에서는 7초마다 한 어린이가 질병과 굶주림으로 생명을 잃어 가고 있다. 우리가 월 3만 원을 기부한다면 한 어린 생명을 살려서 건강하게 성장시킬 수 있단다. 과거 6·25전쟁 때에 질병과 굶주림 속에서 많은 외국의 원조를 받아 연명했던 역사를 기억하며 어려운 나라의 어린이 생명을 지키고 도와주는 일에 적극적으로 앞장서야 한다.

　혹자는 용돈을 아끼고 심지어는 시내 버스비를 아끼기 위해서 걸어 다니는 사람이 후원금을 낸단다. 참으로 의미 있는 일로 보람과 가치의 구현을 위해서 노력하는 모습이 보기 좋다. 남을 도와주고 위로해 주는 일보다 더 아름다운 일은 없다.

가로수로 심은 은행나무와 메타세쿼이아가 척박한 도시의 토양에 뿌리를 내리며 못 자란 아쉬움을 뒤로한 채 가을이면 단풍을 만들어 간다. 많은 시민들이 도심의 가을 정취를 가로수 밑을 거닐면서 느끼게 된다. 이 아름다움을 생각하며 커 가는 가로수가 한층 소중하게 보인다.

충남도청 앞에 몇 년 전에 누군가가 심어 놓은 사과나무가 매년 싱싱한 사과를 맺어 키워 가고 있다. 나는 차를 타고 지나갈 때마다 유난히 사과나무에 매달린 사과를 쳐다보며 곱고 튼실하게 익어 가길 기도한다.

도로가 나무들이 튼튼히 자라나는 모습을 보면 마치 보호자를 잃은 비극의 청소년이 굳은 의지로 내일의 꿈을 향해 노력하는 그 고달픔과 같이 보인다. 열악한 환경에서 잘 자라나는 가로수에 고마움을 느끼며 넘치는 정서의 풍요로움을 찾으려 부지런하다. 철따라 열매를 맺으며 가지와 잎을 키워서 가을이면 익은 열매와 잎을 도로 위에 떨어뜨린다.

가로수가 있어서 삭막한 도심의 분위기가 한층 유연해지고 아름다우나 우리는 가로수의 고마움을 별로 생각하지 않는 것 같다. 가로수를 바라보고 생각할 여유가 없기 때문이다. 아무리 바빠도 가로수의 고마움을 생각할 수 있는 여유를 찾아야 넉넉한 사회분위기를 만들어 갈 수 있다.

도로에서 약간 떨어진 아파트나 단독주택지의 좁은 공간에 심어진 감나무, 버드나무, 플라타너스 등은 양쪽의 건물 때문에 더 이상 가지를 뻗을 수 없으니까 포기하고 위로 성장의 꿈을 키워 간다. 무한한 공간과 마음껏 펼칠 수 있는 넓은 하늘이 있음이 다행스럽다. 청소년들에게도 자신의 꿈이 있는 아름다운 내일을 펼칠 수 있는데 이를 포기하는 많은 이들에 대한 아쉬움이 마음을 아프게 한다.

청소년들은 오늘보다 미래를 생각하면서 어려움을 인내하며 열심히 살아가야 한다. 어려움과 고난을 강한 의지와 노력으로 극복하고 이루어 내는 결과는 정말로 가치 있고 아름답다. 우리 집 감나무도 옆의 공간이 부족하자 막히지 않는 하늘을 향해 가지를 자랑스럽고 대견하게 뻗어 간다.

소음과 매연의 시달림 속에서도 참새의 보금자리와 놀이터가 되고 작은 애벌레 같은 생명을 키워 가고 있다. 참새는 감나무 잎 뒤에 숨은 애벌레를 잡기 위해서 나뭇잎 뒤로 고개를 돌릴 줄 아는 지혜를 갖고 있다. 자연의 섭리는 크고 작음의 차이이지 모든 이치는 변함이 없다. 경제적 어려움과 시간의 부족을 의지와 내일의 꿈으로 극복하고 살아가는 결손가정의 청소년들에게 사랑의 여인이 이들을 위로하고 도와주었으면 좋겠다.

어려울 때에 위로가 되고 도움을 주면 수혜자는 평생을 고마워하며 기억하게 마련이다. 많은 수혜자에게 물질도 좋지만 따뜻한 사랑과 인정 넘치는 위로의 말이 더 필요하다. 감나무 주변의 콘크리트 벽과 기왓장을 멀리하고 하늘을 향하는 감나무 잎을 보면 그 풍성함과 자유로움을 만끽해 볼 수 있는 시간이 퍽이나 행복하다.

교실붕괴가 심각하고 학생들의 불평불만이 팽배한 도심의 교정에도 푸른 나무가 자라남을 잊지 말고 나무그늘 속에서 진정으로 학생들을 위로하고 사랑할 수 있는 마음을 가져야 한다.

삭막한 도시를 넘치는 생명의 활력과 미래를 넉넉하게 해 주는 가로수를 잠시 볼 수 있는 여유를 가져야 한다. 인간과 도시의 아름다운 조화와 넉넉한 관계를 위해서라도 가로수를 아름답게 가꾸어 가야 한다. 사거리나 돌아가는 삼거리의 여유 있는 공간에 사과나무나 감나무를 심어 놓았다.

다행히도 과일나무가 열매를 맺어 지나가는 시민들에게 기쁨을 주고 있다. 버스나 전철, 또는 공공장소에서 만나는 사람에게 밝은 미소와 친절한 언어는 지친 피로를 풀게 해 준다. 도로가 전신주와 다리 옆 손잡이에 빨간 꽃이 핀 화분을 걸어 놓는 지자체의 시민생각은 이미 선진국의 수준을 넘고 있다.

사무실이나 집에서 도로가에 정성껏 키운 꽃 핀 화분을 내놓는 시민의 여유 있는 마음에 감사한 생각이 든다. 조금만 남을 생각하고 배려한다면 세상은 훨씬 살기 좋고 아름다워질 수 있다. 비단 시설물뿐만 아니라 처음 보는 사람에게 미소 짓고 정답게 이야기를 나누는 여유를 갖고 살아가야 한다(2010.6.27.).

28. 작열하는 여름날의 땀방울

6, 7, 8월 여름 중 7월이 가장 무더운 날이 많다. 길거리를 걸으면 땀이 뒤범벅이다. 논의 벼와 밭의 고구마는 때를 만난 듯 힘차게 줄기와 가지를 뻗어 간다. 한여름에 무럭무럭 자라나는 작물을 보고 우리 조상들은 고픈 배를 참았다. 자라나는 작물을 기대와 희망의 대상으로 보았기 때문이다.

악랄한 일제침략시대에도 농민들은 고픈 배를 움켜쥐고 자라나는 벼를 바라보면서 소망을 잃지 않았다. 머지않은 내일에 풍성한 곡식이 배불리 먹을 수 있게 해 준다는 믿음이 컸기 때문이다. 농민들은 어떠한 상황에서도 꿈과 희망을 버리지 않고 살아온 긍정과 희망의 대상이었다.

작열하는 태양을 받아 곡식이 자라서 풍성하게 열매를 맺는 가을이 오면 배불리 먹을 수 있고 축제도 열 수 있을 거라는 소망을 가슴에 안고 살아왔다. 여름은 자연의 섭리에 순응하면서 잘 자라나는 작물과 잡초들이 퍽이나 선호하는 계절이다. 빈민가는 아직도 모기에 물리고 파리와 싸우면서 오물 썩는 냄새의 역겨움을 감내해야 한다.

사람들은 여름 지내기가 힘들지만 농작물을 비롯한 식물들은 활기가 넘쳐흐른다. 높은 온도와 습도는 사람을 짜증나게 하고 불쾌지수가 높아 사소한 일에도 과민하게 신경을 쓰게 된다.

많은 사람은 복잡하고 짜증 나는 현실을 피해서 피서지를 찾아간다. 바닷가와 산속의 골짜기를 흐르는 물에 몸을 담그며 더위를 식힌다. 나도 해마다 여름휴가를 바닷가로 가서 며칠씩 쉬고 온다. 역시 바다는 거리낌이 없고 무한한 수평선을 바라볼 수 있어 좋다. 넉넉함이란 바로 바다를 두고 말하는 것 같다. 끝이 없는 수평선을 한참 동안 바라보면 부러울 것 없고 넉넉함을 느끼게 된다.

여름은 농장에서 일하는 농민들이나 바다에서 고기잡이하는 어부들, 건축현장에서 짐 통을 멘 노동자들에게는 가장 고통스럽고 어려운 시간이다. 공부방에서 공부에 열중하는 학생들의 모습이 힘들어 보인다. 이들은 사랑하는 가족과 내일의 꿈을 그리면서 위로받고 새 힘을 내서 열심히 살아간다.

집에 가만히 있어도 땀방울이 흐르는데 힘들여 노동을 하면 땀이 뒤범벅일 수밖에 없다. 일과를 끝내고 시원한 물로 샤워를 하며 하루의 피로를 풀어 간다. 저녁때면 검은 구름이 걷히고 맑은 하늘이 잠깐잠깐 보인다. 조금씩 하늘을 흘러가는 흰 구름이 마치 한 폭의 그림처럼 아름다워 보인다. 변화무쌍한 하루의 변덕스러운 날씨가 장마철의 특성이다.

여름날이면 일기예보에 귀 기울이며 비가 온다면 우산을 준비하고 외출을 한다. 외출 시에 제일 많이 잃어 버리는 것이 우산이다. 식당이나 모임장소에서 그냥 놓고 오기가 허다하다. 옛날에는 우산이 참으로 귀했던 시절이다. 1960년대만 해도 우산은 창호지에 기름을 먹여서 만든 우산과 옷감으로 만든 양산이 전부였다. 대부분 학생들은 소나비를 맞으며 불평 없이 학교를 다녔다.

그러나 여름날의 노동은 무엇보다도 어렵고 힘들다. 70년대 초 대학시절에 부여로 농촌봉사활동을 가서 담배 밭의 풀을 농기구로 맬 때에 흘렸던 땀방울이 내 평생 제일 많이 흘린 것 같다. 땅은 딱딱하고 괭이는 무거워 온 힘을 들여서 일을 하니 온몸이 땀으로 뒤범벅이다. 뚝뚝 떨어지는 땀방울을 닦을 시간도 없이 계속해서 풀을 매는 농민과 균형을 유지하기란 보통 어려운 일이 아니다. 손은 부르트고 허리는 아파서 어쩔 줄 몰랐다.

　　물론 농민들은 이런 노동이 일상화되어 그렇게 힘들거나 몸이 피로하지 않게 마련이다. 농촌 일에 대한 어려움과 체험은 지금도 농촌을 지날 때마다 가끔 되살아난다. 요즘은 장마기간에도 비가 오지 않는 날이 많아서 집사람은 가끔 논산의 농장을 찾아가서 풀을 매 준다. 나무를 심은 도랑에 플래카드로 사용하던 헝겊을 깔아서 잡풀의 성장을 막게 한다. 이 작업도 매우 힘든 일로 작업을 마치고 집에 오면 앓는 소리를 낸다.

　　내가 몸이 불편하고 시간이 없어서 도와주지 못하는 것이 미안하다. 뚝뚝 떨어지는 땀방울 속에서도 아내는 웃음을 잃지 않는 여유를 갖고 농장을 찾아 일을 한다. 봄에 심은 나무 사이의 잡초를 뽑아 깨끗해진 밭을 바라볼 때에 느끼는 희열을 미소 지으며 이야기한다. 50여 평의 깨끗한 밭에서 싱싱하게 자라나는 작물을 바라볼 때에 희망을 만끽할 수 있단다. 후일 나는 사회를 위하여 많은 땀방울을 흘려야 된다는 마음가짐을 다짐해 본다. 자신이 할 수 있는 많고 많은 일자리를 찾아서 부지런히 일하는 데 기쁨은 수반되게 마련이다.

　　세상에 노력 없이는 결과를 기대할 수 없으며 노력에는 귀한 땀방울을 흘려야 한다. 사회봉사활동과 사회정의와 공익을 위한 글을 쓰는 데 더 많은 정성을 쏟고 싶다. 가끔 쓰는 수필은 나의 사고를 깊게 해 주고 사사로운 현상에 대한 관심을 키워 주고 이를 써서 기분이 좋아진다.

농민들이 땡볕 내리쬐는 들판에서 땀 흘려 일하듯이 학생들은 학창시절 땀 흘려 공부하여야 희망의 미래를 꾸려 갈 수 있다. 목표를 향해서 열심히 일하는 모습은 아름다우며 보람을 느끼게 해 준다는 사실을 잊어서는 안 된다.

어른들은 젊은 시절에 많은 땀을 흘리면서 일해야 여유 있고 행복한 내일을 영위해 갈 수 있음을 우리에게 보여 주었다. 오늘의 청소년들이 내일을 꿈꾸며 신나게 공부하고 몸을 관리하는 모습은 행복하다.

주어진 여건에 항상 감사하며 최선을 다해 열심히 하루하루를 살아가는 현명함은 내일의 진정한 행복을 약속해 줌을 잊지 말아야 한다(2010.7.5.).

29. 호박을 키워 가는 시간

호박을 요리해 먹고 화단에 버린 씨앗이 싹을 틔우더니 하루가 다르게 줄기를 뻗어 간다. 처음에는 아주 귀엽고 사랑스럽게 껍질을 머리로 밀어 내면서 떡잎을 벌렸다. 물을 주지 않아도 습도가 유지되고 풍부한 영양분이 있는 화단의 토양 덕분에 비료를 뿌릴 필요도 없고 가꾸지 않고 그저 바라만 보면 되는 호박이다.

물을 주지 않아도 되고 거름은 더구나 줄 필요가 없다. 감나무 아래에 버린 음식 찌꺼기를 퇴비 삼아 땅에 파묻었더니 분해되는 과정에서도 생명을 유지하고 봄날 새싹을 내밀더니 이제 제법 자라 대문 지붕에까지 줄기를 뻗어 올라가고 있다. 3m 정도 자란 호박은 줄기 옆에서 꽃을 피우려고 꽃봉오리를 만들어 간다.

호박의 생태적 특성은 나무를 타고 지붕에 올라갈 때에 한 줄기로 계속 가다가 넓은 지붕을 만나면 여러 가지를 뻗어 지붕을 덮으려고 한다는 것이다. 생기 넘치는 호박 줄기를 볼 때마다 강한 생명력을 보는 것 같아 힘이 난다.

집사람이 처음에는 정원에서 벤 향나무를 세워서 호박이 올라가도록 해 주었다. 하룻밤을 지내고 나면 한 뼘씩 줄기가 커 가는 것 같다.

맨 처음에 잎을 피웠던 아래 잎은 이미 모두 생명을 거둬 버리고 가장 위의 줄기는 매일매일 성장의 당당함을 노래한다. 며칠 있으면 노란 꽃을 피우고 벌과 나비를 불러 꿀을 대접할 것 같다. 정말로 호박꽃처럼 꽃도 많지 않을 것 같다. 그러나 호박꽃은 시기하거나 다툼 없이 아주 자유롭게 자라나서 풍성한 열매를 맺는다.

남모르게 열심히 공부하여 시험에 당당하게 합격하는 학생 같다는 생각을 하게 한다. 사람도 남을 만나면 친절한 미소와 아름다운 이야기로 호감을 사고 남을 즐겁게 해 줄 수 있어야 한다. 나만 잘나고 특별한 것이 아니라 다른 사람이 잘나고 특별함을 인식할 때에 여유가 생기고 넉넉해진다.

후일 대문의 지붕은 누런 호박 몇 개가 점령하여 결실의 풍요로움을 만끽하겠다는 생각을 해 본다. 옛날 농촌에서는 여름날에 풋호박을 따서 점심으로 칼국수를 만들 때에 성성 썰어서 맛을 돋우게 했다. 어머니와 호박의 관계는 매우 밀접하여 다른 것과 견줄 만한 것이 없다.

비 오는 날에는 풋호박을 따서 전을 부쳐 먹으며 정담을 나눴던 우리 민족이다. 날씨에 따라서도 여유를 즐길 줄 알았던 조상들이었다. 대학의 동료가 호박과 관련한 아버지와 할머니 이야기를 한다. 사연인즉 625 때 이북에서 서울로 피난을 와서 사는데 할머니가 빈 공터에 호박을 심어 열매가 열리면 그것을 따 와서 아들 친구 아버지한테 시장에 가서 팔아 오라고 한다. 그러면 그 아버지는 시장에서 호박을 팔아서 생긴 돈으로 책을 사 왔다고 한다. 공부밖에 모르는 아버지로서는 당연한 일이나 끼니를 걱정하는 할머니 마음은 어떠했겠는가를 생각해 본다.

이렇듯 호박에는 우리 민족의 많은 사연이 담겨 내려오고 있다. 먹을 것이 부족했던 50~60년대에는 허기진 배를 채우는 데 호박이 큰 역할을 했다. 호박은 박토에서도 병에 걸리지 않고 잘 자라서 열매를 맺는다.

지금이야 조그마한 단호박을 삶아 요리를 해서 한 점씩 밥상에 반찬으로 올려놓지만 옛날에는 그냥 솥에 푹 삶아서 먹었던 시절이었다. 우선 고픈 배를 채우는 일이 급했던 시절이다. 맛은 별로 없어도 배가 부르고 손쉽게 구입해서 아무렇게나 요리할 수 있는 장점이 있었다.

나는 지금도 옛날 생각을 하면서 식당에 가면 단호박 반찬을 한 점씩 먹는다. 그러나 그 맛은 별로이며 다만 옛 추억의 시간을 느껴 보기 위함이다. 중학교 때에 인천의 지인 집을 방문했을 때에 애호박을 잘게 썰어서 참기름과 참깨를 넣어 볶아서 반찬으로 먹을 때 호박의 맛있음을 처음 느꼈다. 60~70년대 할머니는 담장 아래 호박을 심어 키우시며 점심때가 되면 호박을 따서 반찬을 만드셨다. 새우젓을 넣고 쪄서 만든 반찬이 제일 많았던 것 같다. 늦은 가을에는 햅쌀에 호박을 썰어 넣어서 호박떡을 만들어 먹었다.

우리 민족과 배고픈 시절을 함께했던 재래종 호박이 지금은 천덕꾸러기가 된 것 같아 아쉬운 생각이 든다. 금년에 노란 풍성한 호박을 서너 개 수확하면 다양한 음식을 만들어 보라고 부인에게 권해 보아야겠다.

도시의 작은 화단에서 자연스럽게 새싹을 키워서 지극히 평화롭게 자라나는 호박에 대한 수확의 시간을 그려 보는 여유도 재미있다. 모든 식물을 귀한 존재로 인식하고 있는 도시인들의 생활 속에서 옛 추억과 작물을 생각해 볼 수 있는 호박 한 포기가 고마운 이유다. 우리 조상들은 호박을 원만하고 모나지 않아서 누구와도 잘 어울리는 사람에 비유

했다. 둥글둥글 호박 같은 인생을 추구하며 노래하고 존중해 왔다.

약간의 의견이 다르고 주장이 달라도 이해하면서 함께하려고 마음을 넓혔다. 각박하고 빈틈없는 이해관계를 초월하여 여유롭게 생활해 왔다. 아무리 시간에 쫓기고 경쟁이 치열해도 여유를 갖고 넉넉하게 살아가던 조상의 지혜를 터득하여 적용하면서 생활해 가는 자세가 필요하다.

쌀독에서 인심 나듯이 여유와 넉넉한 마음과 사고 속에서 남을 배려하고 베풀 수 있다. 사랑과 이해로 남을 이해하고 양보하며 살아가는 자세는 보기 좋은 모습이다. 글로벌 시대에 경쟁이 치열하고 경쟁에서 승리해야 잘살 수 있지만 농경사회에서는 호박처럼 이해하고 따지지 않으면 행복할 수 있었다.

시대에 따라서 호박은 모양이나 꽃이 변함이 없는데 사람들은 하루가 다르게 엄청나게 변화해 간다. 분명한 것은 무쌍한 변화 속에서도 전통과 옛것을 존중할 가치가 있다.

이것을 기반으로 새로운 도전에서 승리할 수 있는 아이디어와 자신감을 찾아야 한다(2010.7.10.).

30. 소낙비 내리는 날

　본격적인 장마철로 접어들자 소나기가 자주 내린다. 여름철에 갑자기 쏟아지는 소나기는 사람을 당황하게 한다. 우산 준비 없이 길을 걷는데 갑자기 소나기가 쏟아지면 길가 건물로 비를 피한다.

　50~60년대만 해도 비 피할 곳이 없는 길가에서 모르는 사람이 비를 맞고 지나가면 같이 우산을 쓰고 갔다. 나도 이런 기억이 있다. 중학교 2학년 때 비가 와서 지우산을 쓰고 가는데 초면의 아가씨가 "학생, 같이 우산을 쓰고 가자" 하면서 우산 안으로 들어온다. 향긋한 화장냄새가 가슴을 뛰게 했다. 사춘기에 접어든 나는 아름다운 아가씨와 같이 걸을 수 있음이 다행스러웠다. 그러다 목적지에 오면 고맙다며 헤어진다. 물론 아가씨에게는 나 같은 감정이나 기분은 전혀 없었겠지만 나에게는 며칠간 마음속에서 자리 잡고 있어 등굣길에 만날 수 있을까 하는 기대를 가져 보았다.

　한밤중에도 차창 밖으로 소리 내며 쏟아지는 소낙비는 밤잠을 설치게 만든다. 때로는 소나기가 강풍을 동반하여 피해를 입힌다. 가로수를 뽑아내고 간판을 떨어뜨려 피해를 준다. 강풍을 동반하는 소나기는 공포감을 들게 하여 어린 시절 놀란 적이 있다. 곧 날아갈 것 같은 기분에 불안감을 감추기 어렵다.

　전쟁터의 불안처럼 천둥소리와 번갯불에 놀란다. 어린 시절엔 소나기만 오면 집으로 빨리 달려갔다. 대부분 사람들은 비를 피해 사무실에서 일을 하지만 농민들은 비옷을 입거나 그냥 비를 맞으며 논밭에서 일을 한다. 심한 가뭄 끝에 내리는 소나기는 농민들에게는 구세주처럼 고맙고 반가운 비여서 일부러 의도적으로 감사의 비를 맞기도 한다.

　장맛비는 피해도 주지만 메마른 논밭에 물을 공급하여 작물에 활력을 주어 잘 자라도록 해 준다. 부도 직전의 기업체에 수출계약금이 들어오는 기분 같았을 것이다. 농민들은 비를 피해 집 안에서 할 수 있는 소일거리를 찾아서 시간을 보낸다. 곡식 다듬기와 농기계 수리 같은 일들을 한다.

　나도 비 오는 날 집사람이 아는 사람한테서 구입한 땅콩의 껍질을 까는 일을 한 시간 정도 했다. 손이 아프고 허리가 결리며 쉬운 일이 아니다. 놀기 좋아하는 사람들은 화투나 윷놀이를 하며 즐긴다. 여인들은 간식으로 전을 부쳐 먹으며 수다를 떤다. 여기에 동동주 한 잔이 있으며 분위기가 살아서 노래를 부르고 신바람이 난다.

　우리나라의 농촌문화는 공동체 생활 속에서 발전해 왔다. 이웃이 친척 같고 낯모르는 사람도 오랜 지인처럼 반갑게 대하며 살아간다. 옛날 할머니께서 지나가는 박물장사나 새우젓 장사꾼에게 부담 없이 막걸리와 밥을 주던 모습이 떠오른다. 어떤 동정의 마음에서가 아니라 생활화된 일상에서 음식을 대접하고 이야기를 하며 격려를 해 주었다. 자연스럽게 사람을 존중하며 귀하게 대접할 줄 알았던 것이다.

　각박해지는 세상이지만 남을 의심 없이 믿으며 배려하는 아름다운 마음만은 지속됐으면 한다. 아무리 궁핍해도 남의 물건에 손을 대지 않고 돈을 탐내지 않으며 살아가는 여유는 시대를 떠나 항상 필요한 방법이다. 이번 내린 폭우로 남부지방은 다리가 무너지고 농경지가 유실되며 주택이 침수 피해를 입었다. 등산객이 조난을 당하는 등 몇 사람이 생명을 잃었다. 해마다 겪는 장마철 비 피해를 사전의 철저한 준비로 막아야 되는데 매년 반복되는 것이 너무 마음 아프다.

위기관리 시스템도 중요하지만 항상 위험한 지수를 생각하며 대처할 줄 아는 국민들의 자세가 필요하다. 풍수해 피해가 많은 일본의 경우 신속하게 대처하고 사전 관리하는 지혜를 높게 평가한다. 물론 이들은 매년 반복되는 풍수해에 대처하는 일이 일상생활화 되어 철저하게 대처하는 모습이 국민의 생명과 재산을 보호해 준다.

정부가 자연재해로부터 국민을 안심하게 보호해 줄 의무가 우리에겐 부족하여 안타깝다. 장마피해로 농민들이 일 년 농사를 망치게 되면 살길이 막막하다. 농작물을 재배하는 데 상당한 시간이 소요되어서 일 년 농사를 되돌릴 수 없게 된다. 이들에 대한 보험제도의 확충과 관리를 철저하게 해 주어야 한다.

장맛비가 쏟아지면 짹짹 지저귀던 참새도 자취를 감춘다. 쉬지 않고 하루 종일 울어대던 참새가 어떻게 그렇게 쉽게 지저귀지 않는지 의심스럽다. 기와지붕 안에 만들어 놓은 집으로 들어가서 휴식을 취하는 모양이다. 만물이 대자연에 순응하면서 살아가는 모습이 현명하다는 생각이 든다.

도시의 문인들은 술잔을 비우며 토론을 하거나 서재에 파묻혀 글을 쓰는 일에 열중이다. 문인들은 소낙비를 바라보며 시를 쓰고 소설을 썼다. 혹자는 긍정적으로 아름답고 낭만적으로 표현하나 다른 사람은 부정적이고 누추하게 표현한다.

변함없는 자연의 순리를 문인들이 아름답게 혹은 누추하게 표현하며 세상사를 걱정하였다. 자연의 순리 속에서 내리는 소나기가 언젠가부터 나에게 가까이 다가올 수 있음은 우리에게 주는 혜택이 큼을 알면서부터였다.

소나기 내리는 시간에 나는 사람 살아가는 모습이 들꽃처럼 다양하고 아름다워 보임을 기쁘게 생각한다(2010.7.17.).

31. 그리운 친구들

　　일평생 살면서 가족보다도 더 친근감을 느끼며 살아가는 친구가 있다면 그 사람은 행복한 사람이다. 그렇게 많고 많은 친구들 중에서 진심으로 마음을 열고 모든 이야기를 편하게 이야기할 수 있는 친구가 많지 않은 현실이다. 현대인은 군중 속에서 외로움을 느끼며 홀로 살아간다.

　　각자의 넘치는 욕심과 이기적인 사고가 관계를 멀게 한다. 부부간에도 비밀을 갖고 살아가는 사람들이 많은 세상이다. 사생활에서부터 생활비 사용하는 것, 심지어는 자녀를 양육하는 일까지 비밀로 하는 사람이 있다. 비밀이란 상상할 수 없었던 어린 시절, 여름이면 벌거숭이로 살던 때에 함께 장난치던 친구가 생각난다. 항상 그 친구와 일상을 같이했다. 자치기, 구슬치기, 비석치기, 시냇가에서 물놀이 등을 같이했다. 가끔은 뒷동산 묘지에서 씨름도 하고 말 타기 놀이도 하며 시간을 보냈다.

　　순수하게 아무 생각 없이 놀이에만 열중했기 때문이다. 지금은 어디에서 무슨 일을 하며 살고 있을까 궁금한 생각이 든다. 초등학교 때 친구 두 명이 가끔 생각난다. 3학년 때 이웃 동에 새로운 학교가 개교하여 그곳으로 전학 간 두 명의 친구가 있다. 한 명은 대전에서 오토바이 수리점을 운영하고 있어 몇 년 전에 한 번 만난 적이 있다. 다른 한 친구는 인천에 사는데 대전까지 수소문해서 우리 집에 찾아왔으나 외출 중이어서 만나지 못했다.

이들의 사회적 위치와 직업의 상이함이 관계 지속을 어렵게 하는 것 같다. 중학교시절에는 지금도 마음 깊이 남아서 보고 싶은 친구가 생각나지 않는다. 매우 안타까운 일이다.

사춘기를 맞은 시기에 나는 학교 생물반 활동에 열중하였다. 활동은 학교 온실의 꽃을 가꾸는 일로 국한되었다. 당시 온실 관리인이 농업고교 졸업생이어서 나는 유일하게 상급학교나 사회소식을 그 사람으로부터 들을 수밖에 없었다. 자신이 다니던 농업학교를 이상적으로 설명해 주어 어떤 환상에 빠지게 만들었다. 나는 결국 농업학교 진학에 꿈을 갖게 되고 그 외의 학교에는 전혀 관심을 두지 않았다.

자연스럽게 학교공부도 멀리하면서 생물과목과 꽃 기르는 일에 빠질 수밖에 없었다. 사춘기 시절의 청소년지도의 중요성이 절실한 이유를 경험에서 얻었다. 고교시절에는 우리 집 윗집에 살던 친구가 있다. 매일 등교를 같이하고 방학 때에 과제가 주어지면 함께하던 친구다. 지금은 농촌에서 짐승을 키운다는 이야기를 들었다.

학교 졸업 후 별로 연락한 일이 없었다. 대학 동창생 중 가까이 지내는 친구 세 명이 있어 지금도 가끔 만나서 식사를 하고 정담을 나눈다. 대학원 친구는 약간의 나이 차이가 나지만 친한 교류를 하며 지내는 친구가 두 명 있다. 이렇듯 학창시절의 친구가 많지 않다. 졸업 후 사회생활을 하면서 수백 명과 관계를 맺어서 가족에 애경사가 있을 때 몇 백 명씩 참여한다.

우리 사회는 절친한 친구 간의 사귐을 중국 제나라의 관중과 포숙아의 어렸을 때부터 매우 친한 친구 사이를 이야기한다. 포숙아는 관중의 뛰어난 재능을 알고 관중은 포숙아를 누구보다 잘 이해했다. 후에 두 사람은 벼슬길에 올랐는데 관중은 공자 규(糾)의 사람이 되고 포숙아는 규의 아우 소백(小白)을 섬기게 되었다. 후일 두 공자가 왕위를 두고 대립하게 되어 관중과 포숙아는 어쩔 수 없이 적이 되었다. 이 싸움에서 소백이 승리하여 형 규를 죽이고 관중도 죽이려 하자 포숙아는 목숨을 걸고 관중의 재능은 신보다 몇 갑절 나으니 천하를 다스리고자 한다면 반드시 관중을 기용하라고 했다. 이에 관중이 위기를 넘기고 재상이 되기에 이른다. 후에 관중은 포숙아에 대한 고마운 마음을 전하며 자신을 낳아 준 이는 부모이지만 자신을 진정으로 알아준 사람은 포숙아라고 했다. 우리는 지금도 친한 친구 사이를 관포지교라고 한다.

사람의 진심은 상통하게 마련이고 후일 감사함으로 관계를 유지하게 된다. 지금도 이와 같이 좋은 인연을 맺을 계기가 되어 조언해 주고 수용하여 후일 잘되었음을 감사하게 느끼며 살아가는 사람들이 많은 세상이었으면 한다. 관포지교의 우정과 의리로 살아가면 얼마나 좋겠는가를 생각해 본다.

관포지교의 우정을 위해서 애정과 사랑을 실천해 가야 한다. 위기가 기회로 되고 절망이 희망으로 전환할 수 있도록 진정한 충고와 위로를 주는 친구가 절실한 때다.

고산 윤선도는 「오우가」에서 "나의 벗이 몇인가 헤아려 보니 수석과 송죽이라./동산에 달이 밝게 떠오르니 그것은 더욱 반가운 일이로다./나머지는 그냥 두어라. 이 다섯 외에 더 있으면 무엇 하겠는가?/구름의 빛깔이 깨끗하다고 하지만 자주 검어지네./바람 소리가 맑다지만, 그칠 때가 많도다./깨끗하고도 그칠 때가 없는 것은 물뿐인가 하노라./꽃은 무슨 까닭에 피자마자 쉬이 져 버리고,/풀은 또 어찌하여 푸른 듯하다가 이내 누른빛을 띠는가?/아마도 변하지 않는 것은 바위뿐인가 하노라"라고 하였다.

윤선도는 자신의 친구를 사람이 아닌 자연에서 찾았다. 동부승지까지 지낸 문인이며 시인으로 당쟁에 시달려서 일생의 대부분을 귀양살이를 했다. 물론 귀양살이하면서 시대의 한 같은 아픔을 절감하며 사람에 대한 불신보다는 변하지 않는 대자연의 섭리와 현상에서 우정을 찾았기 때문이기도 하다.

지금이야 곡해와 모략으로 처형당하고 귀양 가는 일이 없지만 옛날에는 참으로 암담하고 한스러운 시대였다. 정말로 그립고 보고 싶은 친구가 있는 것은 그동안 잘 살아온 결과라고 할 수 있다.

어느 사람은 나이 들어 이야기 나누고 식사할 친구 하나 없으며 오직 가족뿐인 사람들이 많다. 과거의 인연을 더욱 키워 가고 아름답게 발전시켜서 평생을 아끼고 사랑하는 그리운 친구를 많이 만드는 것이 행복의 근원이 될 것이다.

그리운 사람이 많을수록 인생을 폭넓고 깊게 살아갈 수 있다. 나이 들어 함께 어울리는 사람 없이 오직 부부에게만 매달리는 사람의 모습이 처량해지는 현상을 묵과하지 말아야 한다. 사람은 살아 있는 순간까지 다양한 사회성을 유지하면서 많은 교류를 이루며 살아가는 일이 중요하다.

친구와 날로 신뢰의 우정을 쌓아 가면서 살아가는 일보다 더 소중한 일은 없을 것이다. 늙을수록 돈독한 우정을 쌓으며 살아가기 위한 노력을 게을리해서는 안 된다. 정다운 오늘의 친구가 내일이 되면 다시 만나보고 싶은 정 많은 관계를 유지해 가야 한다(2010.7.21.).

32. 중복 더위를 맞으며

매년 맞이하는 삼복더위의 짜증스러운 기억 속에 금년도 중복을 맞이한다. 조금만 움직여도 땀이 흐르고 외출하면 온몸이 땀으로 뒤범벅인 무더위다. 바람 한 점 없이 찌는 더위는 사람의 활동을 중단시킨다. 홀가분한 빈 몸으로 길을 걸어도 땀방울이 떨어지며 더위에 금방 지쳐 버린다.

금년은 다행스럽게 구름 낀 날과 비 오는 날이 많아 심한 무더위를 덜 느끼게 된다. 사람들은 무더위에 지친 몸을 보양하기 위한 수단으로 보신탕, 삼계탕, 장어구이 등을 먹으며 휴식을 취하고 건강을 유지해 간다.

나도 삼계탕을 즐겨 먹으며 더위를 식히려 한다. 만원인 삼계탕 집에 들어서면 자리를 잡기 위해 몇 분씩 기다려야 한다. 사람들의 입맛이 예민하여 맛집을 찾기 때문이다. 외식이 없는 날은 주로 집에서 머무는 시간이 많다. 다행스럽게 우리 집은 커다란 감나무 두 그루가 있어 집 안의 온도를 떨어뜨려 아래층 침실은 밤에는 창문을 닫고 홑이불을 덮고 잠을 잔다.

집 안에 에어컨이 세 대가 있는데 아직 한 번도 가동을 하지 않은 상태이니까 더위가 그렇게 심하지 않다. 사람들은 무더위의 상징으로 초복·중복·말복의 삼복더위를 말하며 이 기간 중 건강과 더위를 이기기 위한 복 식품에 대해 이야기를 한다. 그래서 발달된 보신탕이 복날 음식의 선두 자리를 잡고 있다.

초복은 하지로부터 3번째 경일이며 중복은 4번째 경일이고 말복은 입추로부터 첫 번째 경일이다. 삼복의 복날은 열흘 간격으로 나누어져 있다. 열흘의 무더위를 이기고 다시 복날 음식을 먹고 기운을 내라는 의미인 것 같다. 삼복에는 자양분이 많은 음식으로 몸을 보신하며 더위를 먹지 않고 질병을 예방한다며 팥죽을 쑤어 먹기도 한다.

지금도 복날에는 보신음식과 피서로 더위를 이기고 있으나 전라도, 충청도 등 지역에 따라서 피서를 이기는 보양식 먹는 방법이 다양하다. 오늘이 중복이라 많은 사람들이 산과 바다로 피서를 떠나고 보양식 집이 만원이다. 다행스럽게 종일 구름이 끼어 그렇게 더운 줄 모르고 일을 할 수 있어 고맙다. 원고를 쓰고 책을 읽는 일이지만 더위를 감내해야 한다. 가끔은 온종일 집에서 시간을 보내는 일이 최근에 늘어나고 있다.

외출을 싫어하는 아내는 온종일 집 안에서 독서를 하며 수박, 감자 등을 나에게 갖다 준다. 냉장고에 잘 보관된 시원한 수박은 더위를 잠시나마 잊게 해 준다. 나는 수박을 너무 좋아해서 어느 땐가 큰 수박 한 통을 혼자 먹은 기억이 난다.

돌아가신 할머니는 삼복더위를 이기기 위해서 나무 그늘 아래서 부채질을 하면서 수박과 참외를 드시며 이웃 사람과 이야기를 나누셨다. 재미나는 이야기를 듣다 보면 더위도 잊고 시간 가는 줄도 모른다. 먹을 것을 비롯해서 모든 것이 귀하고 부족했던 농경사회에서 살았던 조상들의 더위 이기는 지혜를 가끔씩 생각해 본다.

욕심을 버리고 현재의 상황에 불평하지 않고 긍정적이고 고마운 마음으로 생활하는 것이 피서의 한 방법이다. 부족하고 작은 것도 이웃과 함께함으로 공유의 가치를 지혜로 생각하며 살아갔다.

사람이 신경 쓰고 짜증을 내며 생활하는 것이 본인은 물론 주위 사람에게 얼마나 더위를 느끼게 하는지 알아야 한다. 더위 철에는 조금 기분이 상하고 마음에 안 들어도 참는 태도가 중요하다. 인내가 인격 수양의 중요한 방법이 되는 것도 여러 가지 어려움을 극복하고서 깨닫게 되는 산물이기 때문이다.

등산을 할 때도 어려운 산봉우리를 외줄에 의존하며 온갖 정성을 들여 정상에 올라서 느끼는 쾌감과 만족감은 어디에서도 찾아볼 수 없다. 중복의 무더위도 극한적인 어려운 상황을 극복하거나 해결한 후에 한 조각의 수박을 먹을 때 느끼는 쾌감 같은 것일 것이다. 나는 복중에 가끔씩 유성온천으로 목욕을 간다. 사우나탕에서 땀을 빼고 냉탕에 들어가서 있으면 금방 더위는 사라지고 시원함만 있어 조금 시간이 지나면 추위를 느끼게 된다. 이열치열의 원리를 실천하면 정말로 시원하고 몸이 개운하다.

친한 친구와 식사를 하고 한 잔 나누는 커피 맛은 일품이다. 가로수에서 쉬지 않고 울어 대는 매미의 여름 나기는 노래로 해결하는 것 같다. 앞으로 남은 말복 더위도 지금의 중복처럼 무사히 덥지 않게 넘어갔으면 한다.

일반적으로 더위는 8월 초순이 지나가면 끝이 난다. 내가 8월 초순에 군에 입대하였는데 중순으로 접어들자 새벽에 시원한 바람이 내무반에 들어와서 무더위를 쫓아냈던 기억이 새롭다. 삼복의 무더위 속에 장총을 메고 먼지 뿌연 연병장을 달리던 훈련병 시절의 어려움이 가끔씩 생각난다.

목욕을 하는 둥 마는 둥 대충 하고 잠자리에 곯아떨어지던 일상이었다. 아마 지금 강력한 훈련을 한다면 신세대는 모두 거부하고 난리를 칠 것이다. 방충망의 공급이 원만하지 못하고 모기약의 공급이 잘 이루어지지 않았던 옛날에는 유일하게 모기를 쫓아내는 방법으로 모깃불을 들 수 있다.

모깃불은 쑥을 중심으로 집 주변의 잡초를 베다가 불을 피우면 수분 때문에 한꺼번에 활활 타지 않고 연기를 내며 꾸준하게 피어오른다. 사람들은 도망간 모기 덕분에 이야기를 나누며 간식을 즐긴다. 모깃불 피워 놓고 나누었던 많은 이야기가 지금은 소설로 남아 있다. 세월 따라 달라지는 여름 나기의 추억도 성인들이나 기억할까 지금의 청소년들은 전혀 이해를 못 할 것 같다.

무더위로 엉덩이에 땀이 차서 고생하면서도 책과 씨름해서 국가고시에 합격했던 사람들은 여름날의 고통스러운 추억을 잊지 못할 것이다. 복중더위를 극복하고 소망을 이뤄 가는 노력은 학생, 농민, 상인 등 많은 사람들이 오늘도 그침 없이 땀 흘리며 이뤄 가고 있다. 요즈음 도시의 여름은 쉬지 않고 울어대는 매미소리와 함께한다.

도시의 매미는 매연에 익숙하고 소음에도 잘 적응하며 불평 없는 일상을 노래로 보내는 것 같다. 매미처럼 어렵고 힘든 곳에서도 여유를 갖고 노래 부르며 자신 있게 살아가는 자세를 사회는 바라고 있다.

이에 충실하려고 땀 흘리는 일은 의미가 있으며 타인이 부러워할 것이다. 말복이 가기 전에 흘릴 땀이 있으면 더 많이 흘려서 추억을 간직하고 싶은 여름날이다. 무더운 중복 더위를 어렵지 않게 보낼 수 있음이 다행스럽다(2010.7.29.).

33. 나눔의 생활화

　요즘 사람들은 자기 일에 바쁘고 생활에 시달리다 보니 이웃이나 남들에게 눈길을 줄 여유가 없다. 휴대전화와 인터넷문화의 발달로 직접적인 인간관계를 크게 약화시킨 결과이기도 하다. 젊은이들은 수시로 현재의 상황을 휴대전화와 인터넷으로 교류하면서 하나의 통합된 사람같이 살아간다.

　순간의 오해나 다른 요인으로 소식이 단절되면 쉽게 잊고 또 다른 사람을 찾아 관계를 유지해 간다. 인간관계마저 빠르게 변화해 가는 단면이다. 아직도 나이 든 사람들은 과거의 주고받는 식의 생활을 존중하고 실천하면서 살아간다.

　오늘은 앞집 아주머니가 같은 교회 교인이 농장에서 직접 기른 유정란이라면서 계란 한 판을 우리 집에 선물하였다. 스스럼없이 이웃 간에 크고 작은 것을 나누고 함께하는 일상적인 한 현상이다. 집사람이 오후에 마트에 가면서 계란을 선물 받은 이웃집을 생각해서 유기농 수박 한 통을 사다가 이웃집에 주었다.

　소방도로를 경계로 함께 살아온 지가 십 년은 족히 넘는다. 집안의 아는 사람이 농장에서 따 온 깻잎이며 옥수수를 나눠 먹고 과자며 빵도 남으면 나눠 먹는 사이다. 길가를 쓸 때도 서로 대문 앞까지 깨끗하게 쓸어 준다.

옆집에 사는 할머니와 할아버지도 수시로 우리 집과 교류를 나눈다. 집사람이 부추로 만든 국수를 점심으로 했는데 내가 두 수저만 먹고 국수가 많이 남아서 이웃 할머니한테 점심을 했냐고 물었으나 식사를 했다고 한다. 부추국수가 있다고 하니 먹을 의사를 표현하여 한 그릇 갖다 주었다. 할머니는 맛있게 먹었다면서 자신이 재배한 옥수수 찐 것을 열 자루나 갖다 주셨다.

집사람이 논산농장에 재배한 옥수수는 풀숲을 걷어준 터라 50cm 정도 자라서 성장을 멈추고 가냘픈 열매를 맺었다. 그것을 열댓 자루 정도 따 와서 쪘다. 옥수수 하나에 겨우 알이 열 개에서 서른 개 정도 박혀 있다. 이에 비하면 정말로 좋은 옥수수이다. 그런데 할머니는 옥수수가 잘 안 됐다며 불평이다. 나와 집사람이 옥수수를 먹으며 이웃 할머니의 마음에 감사함을 느꼈다.

사람이 크고 작은, 싸고 비싼 물건이나 음식을 함께 나누는 일은 상호 간의 정을 두텁게 해 주는 중요한 요소로 작용한다. 아직도 우리 이웃은 나눔을 통한 감사한 인사와 고마운 표정이 이웃관계를 더욱 돈독히 해 준다. 도시에서의 이웃 간의 교류는 상호 간의 이해와 노력이 있어야 한다.

농경사회에서 우리 조상들은 음식, 의료, 노동 등 일상의 모든 것을 공유하듯 나누면서 살아왔다. 각박하고 바쁜 사회이지만 이웃을 생각하고 나누려는 마음은 세상살이를 밝고 아름답게 해 줄 수 있다.

사람이 노동을 함께하고 음식을 같이 먹으며 인정을 나누면서 살아가는 일은 정말로 소중한 일이다. 어려운 이웃이나 모르는 사람의 안위와 행복을 위해서 기도하는 모습은 정말로 아름답다. 자신보다 항상 이웃과 남을 생각하면서 걱정하고 도와가며 살아가는 모습은 가치 있고 아름답다.

일상생활의 나눔 정신은 돈이 없어 끼니를 거르는 빈민국가의 사람들을 돕는 일에 적극적으로 참여하게 만든다. 아프리카의 빈민국 어린이가 하루 1천 원이면 세 끼를 먹고 살 수 있는데 이 돈이 없어서 귀한 목숨을 잃어 가고 있다. 이들에게 매월 3만 원을 도와주면 내일을 위해 살아갈 수 있음을 생각하고 실천해 가야 한다.

6·25전쟁 후 우리 조상들이 굶주림과 질병에 시달리고 죽어 갈 때에 선진국에서 원조를 보내 주어 연명했던 역사의 기억을 되살려서 이제 실천해 가야 할 때다. 진정한 나눔은 자신이 쓰고 남은 것을 버리는 마음으로 주는 것이 아니라 자신의 근검절약을 통해서 아끼고 잘 간직한 것을 자신보다 더 시급한 사람에게 감사한 마음으로 주는 것이다.

소중함과 귀한 것을 사랑의 마음으로 함께 나누는 일은 항상 가치 있고 덕스러운 일이다. 주변 사람을 살펴보고 자신의 도움이 필요한 사람에게 기쁜 마음으로 도와주고 웃으면서 살아가는 일상의 관습화가 절실하다.

새들도 새끼를 기르면서 자신은 안 먹고 입을 벌리며 먹이를 달라는 새끼들에게 먹이를 잡아다 준다. 하물며 인간이 이웃에 무관심하고 남는 물건을 함부로 버리고 혼자만을 생각하며 살아서는 안 된다. 나눔은 단지 물건뿐 아니라 마음과 정성을 모아서 삶의 전체에 조금이라도 영향을 끼치는 모든 것을 의미한다.

형편이 불가능할 때에는 진정한 기도로 위로하고 기원하는 삶을 살아가야 한다. 돈도 없고 힘도 없어 이웃을 도울 수 없는 사람의 참신한 중보 기도는 얼마나 고마운 베풂인가를 우리는 생각해야 한다. 우리 조상들은 최선을 다하여 살다가 인간의 힘으로 불가능한 일이 생기면 천지신명에게 빌었다.

자신의 도를 넘는 과욕을 부리지 않고 그 이상의 것은 천명으로 생각하며 순박하게 살아온 마음이 여유롭다. 이 여유로움을 지금의 사회는 필요로 하고 있음을 인식하여 함께하는 아름다운 삶을 살아가야 한다. 우리 조상들은 곡식을 재배하거나 음식을 만들 때에 반드시 줄 사람을 생각하며 정성과 사랑으로 만들었다.

이 또한 우주 속에서 함께 살아가는 기본원리를 존중한 것이다. 쓰고 남아 불필요해서 버리려고 하기 전에 이것을 필요로 하는 사람은 없을까를 생각하고 그를 위해서 정성스럽게 주어야겠다는 마음을 가져야 한다. 풍요 속에서 남을 생각하고 나누려는 마음을 가질 때에 세상은 한층 더 풍요로워질 수 있다(2010.8.2.).

34. 폭염 속의 집짓기

　우리 집 뒤에 있던 간판집이 1층 가건물을 철거하고 이곳에 4층짜리 원룸 건물을 짓기 시작한다. 망치로 못 박는 소리에 짜증이 난다. 낮의 온도가 34도를 넘는 무더위에도 쉬지 않고 시멘트 콘크리트 위에서 철근을 붙잡아 매고 철재를 자르고 나무에 못을 박으며 십여 명의 노동자가 그야말로 열심히 일을 한다.

　아침 여섯 시에 일하기 시작해서 저녁 일곱 시까지 하루 열세 시간을 일한다. 참으로 성실하고 열심히 일을 하는 모습이 보기 좋다. 나는 한참을 이들의 일하는 모습을 관찰했다. 옆 사람은 쳐다볼 사이도 없이 자신에게 주어진 일만을 열심히 한다. 철근을 자르고 자른 철근을 철사로 묶고 송판에 못질을 하는 등 정신이 없다.

　일반적으로 노동자들은 자신이 하는 일에 대한 자부심이 커서 이 일은 내가 제일이라는 사고를 갖고 있다. 나만이 할 수 있는 철근 자르기와 대패질에 대한 자긍심이 대단하다. 노동의 숙련에 대한 신뢰 때문인 것 같다.

　모든 사람들이 자신이 현재 수행하고 있는 일에 대한 자부심을 갖고 일할 때에 만족스럽고 발전해 갈 수 있다. 명문대학 입시를 목표로 정하고 밤을 지새우며 열심히 공부하는 의지가 굳은 청소년의 모습을 보는 듯하였다.

우리나라 노동자들의 근면한 정신은 노동에 대한 자부심에서 발생하는 것 같다. 나는 소리가 시끄러워 짜증을 내면서도 2층 옥상에 올라가서 일하는 그들을 가끔씩 바라본다. 감독이나 지시자가 없어도 자신이 맡은 일을 땀 흘리면서 성실하게 최선을 다하는 노동자들을 보면서 정말로 대단한 사람들이라고 느꼈다. 이들은 먼동이 트면서부터 일을 시작하여 해 질 녘까지 일을 한다.

도시의 집 짓는 노동자뿐만 아니라 바다에서 고기를 잡는 어부와 농사를 짓는 농민들도 마찬가지로 열심히 일하면서 살아간다. 어느 농민은 미나리를 재배하여 1년에 수억 원을 벌어들이는 사람이 있다. 이 사람은 미나리를 청결한 물로 씻고 깨끗하게 포장하며 품종개량을 위해 노력하는 모습이 학자 뺨치는 것 같다.

소비자가 미나리를 다시 씻지 않고 곧바로 음식을 만들 수 있도록 포장한다. 소비자를 생각하며 그들을 위해서 할 수 있는 서비스를 최대한으로 다해 주려는 마음에서 신뢰를 얻는 것 같다. 단잠을 깨워면 바다로 출항하는 어부들은 그물을 끌어 올리면서 고기를 잡는다. 잡혀 올라오는 물고기를 보고 느끼는 희열은 대단하다.

입시공부에 땀 흘리는 학생들도 마찬가지다. 하루 3시간을 잠자면서 공부하는 십대의 모습 속에 의지와 열정을 느껴볼 수 있다. 그러나 이들에게도 휴식과 단잠을 통한 희열과 보람이 있다. 온종일 땀으로 뒤범벅된 몸을 시원한 수돗물로 깨끗하게 씻고 선풍기 바람을 쐬면 얼마나 시원할까를 체험하지 못한 사람은 알 수 없다.

우리 민족의 뛰어난 노동력은 정말로 대단하다. 의지와 불굴의 정신을 발휘하여 노동으로 성취하는 것이다. 얼마 전 호주에서 살다 온 어느 선배의 이야기를 들었다. 호주의 전원에 건립된 넓은 주택에 지붕을 칠한 페인트가 오래되어 벗겨지자 새로운 페인트를 칠하기 위해서 재호주 한인교포에게 일을 맡겼단다.

그 교포는 쨍쨍 내리쬐는 여름의 무더위에 소방대원이 입는 방열복을 입고 지붕에 올라가서 지저분해진 페인트를 벗기고 다시 페인트를 칠하여 불과 며칠 만에 일을 다 끝냈다고 한다. 이것을 본 호주 사람이 한국인의 의지와 노동력에 입을 다물지 못했다고 한다. 호주 사람은 가히 엄두도 못 할 일을 해낸 것이다. 참으로 대단한 민족이다.

어떤 일에 목표가 설정되면 물불을 가리지 않고 최선을 다해서 끝마치는 한민족의 정신과 의지가 대단하다. 왜구가 소총을 들고 나라를 침략하자 농민과 도를 닦던 스님들이 죽창을 들고 나와서 일본군과 싸워 승리를 거두었다.

세계 어느 나라도 없는 우리나라에만 있는 승병과 의병활동이다. 대아를 위해 소아를 희생시키며 개인보다 사회와 국가를 먼저 생각하는 민족이다. 승부욕이 강하며 최선을 다하는 우리 민족이 글로벌 시대에 우뚝 선 승리자가 되어 기업을 발전시키고 있는 현실 또한 이와 같다.

자원도 없고 인구만 많은 우리나라가 과학과 기술을 개발하여 경제를 발전시킨 것은 우리 민족의 저력 때문이다. 나는 역경과 고난을 극복하며 명문대학을 우수한 성적으로 졸업하고 대기업에 취직한 고아 출신 젊은이의 의지력을 보고 감탄하였다. 무슨 일이든 최선을 다하는 모습은 높이 평가받을 수 있으며 자신에게도 좋은 결과를 줄 수 있음을 인식하여야 한다.

요즈음 많은 청소년들이 힘든 일을 기피하고 편한 것만을 추구하는 경향이 있는데 이는 매우 잘못된 것이다. 힘들고 어려운 일일수록 땀을 많이 흘려야 되는데 이는 결코 낭비나 헛된 일이 아니다.

일상생활의 사사로운 일에도 목표를 정하고 성취를 통한 만족을 만끽하는 생활화를 이뤄 가야 한다. 폭염 속에서 땀 흘리며 일하는 노동자처럼 모든 사람이 땀 흘려 최선의 책무를 성실하게 다해 갈 때에 우리 사회는 발전해 가게 마련이다. 찌는 무더위와 폭염 속에서도 쉬지 않고 열심히 집을 짓는 노동자의 성실함과 의지에 우리의 미래를 기대해 볼 만하다(2010.8.4.).

35. 문인들의 아름다운 시간

사람들의 일상은 만나서 이야기하고 음식을 나눠 먹으며 즐거운 시간을 보낸다. 식사 전에 반주로 한 잔 두 잔 술을 마시며 취기에 기분이 좋아지면서 긴장과 스트레스를 푼다. 사사로운 이야기에 웃음이 묻어 있고 재미가 있어 웃으며 식사를 한다. 이런 모습은 정치인, 농어민, 직장인, 문인 등 평범한 사람들의 일상이기도 하다.

나는 오늘 한밭수필가회에서 총회와 제2권 수필집 출판기념회에 참석했다. 주로 연세가 육칠십 되시는 분이 대다수였다. 팔십이 넘은 사람도 몇 분 있었다. 성악가인 대학 노교수가 두 곡의 성악을 불렀다. 대머리에 넘치는 열정으로 이태리 곡을 힘차게 불러서 박수갈채를 받았다. 나이 먹어도 재능이 있어 발휘하는 일은 정말로 아름답다.

1, 2부 행사를 마친 후에 총회 및 출판기념회 플래카드를 배경으로 기념사진을 찍었다. 예술가가 즐겨 입는 개성 있는 의상을 입은 노년의 사진작가 한 분이 기념사진을 찍어 두 번의 사진을 찍은 셈이다. 참석자들에게 책을 배부한 후 보리밥집으로 저녁식사를 하러 갔다. 저녁 8시쯤 되어 식당에 들어서니 배가 출출하다. 돼지고기 삶은 안주에 소주를 마시면서 나누는 이야기로 분위기가 화기애애하다.

일상 속에서 벌어지는 크고 작은 일들을 이야기하면서 시간 가는 줄 모른다. 과거에 신문기자 생활을 했던 여든 살이 넘는 할아버지가 여덟 권의 수필집을 냈단다. 아직도 청년 같은 기분과 건강으로 힘 있게 이야기하면서 서너 병의 소주를 마신 후 다시 막걸리를 마시며 이야기 삼매경에 빠진다.

지난달에 여덟 번째 발행한 수필집이 최근 것이란다. 이 수필가 말씀이 한 편의 수필을 쓰기 위해 수일이 걸린다면서 과정을 말한다. 먼저 주제를 고민 끝에 정하고 주제와 관련된 사물과 생각을 끝없이 하며 어느 때는 길을 가다가도 생각이 나면 메모지를 꺼내서 기록을 한다고 한다.

이렇듯 글 쓰는 사람의 노력이 남다르다. 이들은 한 편의 작품이 완성되면 엄청난 성취욕과 희열을 느낀다고 한다. 고령에도 일상 속에서 느끼는 것을 주제로 수필을 쓰는 사람들의 술자리 이야기는 매우 다양했다. 나도 많은 수필을 쓰지만 너무 쉽고 안이하게 쓰는 것이 아닌가 하고 생각해 보았다. 한 편의 수필을 쓰기 위해서 주제를 생각하고 이에 따르는 현상을 관찰하며 표현하는 일은 결코 쉬운 일이 아니다. 일반적으로 문인들은 애주가이며 자연스러운 이야기를 잘한다.

재물과 권력과는 거리가 멀어서 이야기를 하지 않는다. 술을 마시며 스트레스를 풀고 좁아진 마음을 넓히며 대담한 이야기를 해 가는 것 같다. 시인, 평론가. 소설가 등이 자연스럽게 수필을 쓰는 경우가 많다.

한 사람의 문인이 두세 가지 종류의 문학 활동을 하고 있다. 회원들의 면모를 보면 대학교수, 의사, 법무사, 기업인, 퇴직자 등 매우 다양하다. 이들은 일상생활 속에서 느끼고 체험하는 것을 수필로 쓰는 것이다. 오늘의 술자리를 소재로 몇 사람은 수필을 쓸 것이다. 문학계의 선배들 이야기와 작품이야기 등 한없는 다양한 이야기는 흐르는 시간을 재촉하였다. 본업 이외의 시간을 이용해서 글을 쓰는 사람들이 살아가는 모습에 활기가 넘쳐흐르고 여유가 있어 보인다.

이들은 경제적인 면에는 별로 관심이 없는 듯 이야기하지 않고 일상 속에서 벌어지는 사회현상 이야기에만 관심을 표현하였다. 우리 집 앞뜰에는 작년에 이어 금년에도 망우초가 꽃망울을 터뜨린다. 똑같은 망우초 꽃을 보고도 사람마다 느끼고 표현하는 것이 다르다. 어떤 이는 은은한 향기에 빠져 하얀 꽃에는 눈길을 주지 않는다. 오히려 지그시 눈을 감고 은은한 향기에 취하기도 한다.

지루한 장맛비를 잊고 술을 마시며 정겹게 나누는 여유 있는 분위기도 술 덕분인가 한다. 60년대만 해도 우리나라 경제 수준이 말이 아니어서 간식은 고사하고 끼니를 굶는 사람들이 많았다.

사랑하는 여고생 딸이 먹을 것을 참고 공부하는 모습을 술을 마시며 생각하는 문인의 마음을 아프게 했다. 중학교 교사를 하다가 퇴직한 시인이 어느 여름날 저녁에 친구에게 술을 얻어 마시다 불현듯 사랑하는 딸 생각이 스쳐갔다. 시인은 안주로 먹던 꽁치 한 마리를 싸달래서 집으로 가져와 딸에게 먹을 것을 권하는 말이 "아빠는 밖에서 질리도록 많이 먹었으니 너나 먹어"라고 권했다고 한다.

당시 여고생인 딸은 그런 줄 알았단다. 그 후 시간이 지나서 사회를 배우고 경제발전 과정을 배우면서 그 시절의 아빠 사랑을 이해할 수 있다고 말한다. 이상과 현실의 괴리감 때문에 겪었던 마음 고생이 심했던 시절의 이야기다. 이상을 그리고 추구하면서 글을 쓰지만 현실의 답답함과 모순을 극복할 수 있는 방법을 찾기는 불가능했기 때문이다. 그러나 이상과 아름다움을 추구하며 생각하고 글을 쓰는 일은 의미가 있다. 이를 통해서 자신의 사고와 가치를 정리할 수 있음을 다행스럽게 생각한다.

문인들이 순수한 마음을 갖고 아름다운 글을 통해서 이상의 성숙함을 추구해 가려고 노력하고 있는 것 같다. 인간이 모두를 만족하며 살아갈 수 없으나 무엇을 추구하며 어떻게 살아가느냐가 중요하다.

똑같은 사물을 보더라도 어떤 생각을 하느냐가 중요한 것이다. 철 따라서 변해 가는 계절을 보면서 시간의 흐름과 변해 가는 식물의 모습을 보고 노래하며 시를 지을 수 있음은 실로 행복할 수밖에 없다. 배고픈 사람이 밥을 보면 먹고 싶은 마음 이외에는 다른 생각을 하지 않으나 독립운동가나 도인들은 밥에 대한 가치와 계획에 의해 먹을 필요성을 느낄 때에 먹는다.

면암 최익현 선생은 독립운동을 하다가 일본으로 잡혀 가서 밥 한 술 먹지 않고 순국하였다. 참으로 대단한 의지의 열사다. 똑같은 사물과 상황에 따라서 달라지는 사람의 감정과 행동을 올바르게 하기 위해서 끊임없는 노력이 필요하다.

항상 글을 쓰므로 타인보다는 느낌이 다르고 생각이 다른 문인들의 넉넉함이 이 시대의 어려움을 극복하고 살기 좋은 세상으로 변화해 갈 수 있었으면 한다(2010.8.10.).

36. 사랑은 행복이다

사람, 사물, 학문 등을 사랑하는 시간은 행복하다. 가식과 거짓이 없고 순수한 마음과 정신을 가졌기 때문이다. 사랑과 행복은 순수함의 진실에서 오기 때문에 한 치의 거짓과 가식이 있어서는 안 된다.

진실을 외면하고 다른 목적을 위해서 사랑하는 사람들의 관계는 오래가지 못하고 결국 비극적으로 끝나게 마련이다. 사랑은 극히 주관적이고 개인적인 문제로 남이 쉽게 단정할 수 없는 일이다.

사람이 평생을 살아가면서 남을 진심으로 사랑하고 도와주며 잘되기를 기도하는 일은 참으로 중요하다. 우리 학과 여자 교수가 매일 아침마다 나의 건강을 위해서 기도를 한단다. 참으로 고맙고 감사한 일이다. 그래서 그런지 나는 건강하며 하루를 보내는 일상이 행복하고 아름답다.

남녀 간의 사랑은 두 사람의 관심과 신뢰 속에서 이루어지게 마련이다. 다른 사람에게는 관심과 이야기 대상이 될 수 없는 일도 두 사람의 특수 관계 때문에 오해하고 다투기도 하며 사랑과 정을 키워 간다.

어떤 물건을 살 때에 의견이 달라서 싸움을 하는 사람들을 종종 본다. 조금만 이해하면 될 일인데 자기주장을 너무 심하게 강조해서 문제를 야기한다. 때로는 아주 작은 일로 감격을 받으며 즐거워한다.

장미 한 송이를 선물하며 사랑한다고 고백할 때가 그러하다. 상대방에 대한 관심을 표현하면서 생각하고 이해할 때에 고맙고 감사해한다. 사사로운 일에도 가슴 설레는 사랑이 넘치는 일이 있는가 하면 엄청난 영광의 시간에도 불행을 느끼는 사람이 있다. 진실한 소망의 이루어짐에 따라서 마음이 달라지게 마련이다.

아무런 욕심이 없는 갓난아이의 미소에는 희로애락이 없이 모든 것이 소중하고 행복해서 항상 미소만 짓고 있다. 물론 한평생을 어린아이처럼 항상 미소 지으며 살아갈 수는 없지만 웃음과 풍족한 마음을 갖고 미움과 질투를 멀리하면서 살아가야 한다. 이렇게 인간이 살아갈 수 없지만 사사로운 이해관계를 떠나서 좀 여유 있고 넉넉하게 살아가기 위해서 자신의 마음을 넓혀 가는 노력이 필요하다.

우리는 일상이 기쁨과 만족으로 넘치는 사랑을 추구하며 살아가려 소망하지만 현실은 쉽게 허락하지 않는다. 사소한 감정을 유발시키는 언어와 이해관계가 더욱 냉랭한 인간관계를 만들기 때문이다. 인류 문명사를 보아도 정당하고 진실한 일을 수행하는 만족은 사랑처럼 기쁨을 느끼게 된다. 일생을 살면서 얼마나 행복했느냐에 따라서 잘 살았느니 못 살았느니 평을 한다.

사사로운 사랑은 조그마하고 순수한 관심에서 출발한다. 아주 하찮은 일에서부터 시작된다는 사실을 인식하여 각별한 관계를 유지해 가는 일이 중요하다. 가족이나 친구나 모든 사람의 관계가 그러하다. 일상생활에서 처음 보는 사람에게 웃으며 친절하게 대해 주고 아름다운 이야기를 나눌 수 있는 것도 작은 사랑의 실천에서 비롯된다. 태어난 생일날을 가족과 지인들이 축하해 주는 일도 기쁨의 사랑을 실천하는 일이다.

나는 몇 년 전 계룡산으로 등산을 갔다 오다 동학사 앞을 걷고 있는데 앳된 여승이 지나가는 꽃뱀을 보고 웃음을 머금고 혀를 내두르며 "아이, 귀엽다!"고 한다. 보통 사람 같으면 멈칫하면서 징그러워 혐오감을 느껴서 불쾌하기 그지없어 한다. 그런데 여승은 귀엽고 아름답다고 한다. 똑같은 사물을 어떤 이미지와 사고를 갖고 보느냐에 따라서 달라진다. 일상을 이 여승처럼 긍정적이고 아름답게 본다면 세상은 행복해질 수밖에 없다.

하루를 지내면서 곰곰이 생각해 보면 사랑으로 나눠야 할 미소가 원망의 증오로 얼굴을 붉히는 일이 많다. 조급함, 사사로운 이해관계, 오해로 인해서 진실을 제대로 파악하지 못하는 결과가 많다.

이 세상에 존재하는 만물을 사랑하는 일은 불가능하지만 최대한 많이 사랑하려는 마음을 갖고 살아갈 때에 행복도 커지게 마련이다. 옥상에서 홀로 커 가는 화분 안의 선인장을 보며 기뻐하고 더 잘 자라기를 소원해 보는 여유로운 마음도 아름답다. 무더위를 극복하고 줄기를 키워 가는 강인한 선인장 잎은 청소년들이 지녀야 할 의지같이 보인다.

인정과 존경을 받기 위해서 땀 흘리는 일은 행복하다. 사회를 위해 꾸준히 봉사활동을 하는 사람이 흘리는 땀방울은 그 사람을 높게 평가해 주고 인정해 주게 된다. 성숙한 사회일수록 자신보다 타인과 공익을 위해서 흘리는 땀에 대한 높은 평가를 하게 마련이다. 어떤 저주와 원망의 대상자를 생각할 때에는 불행하기 짝이 없어진다.

원수 같은 감정 있는 사람이나 나에게 공연히 욕하고 헐뜯는 사람을 보면 역겨운 것과 같다. 이해관계 없이 항상 미소를 지으며 관심을 갖고 칭찬하고 도와주는 사람을 보면 감사하게 마련이다.

일상에서 평범한 일에 좀 더 관심을 갖고 사랑할 때에 진정으로 행복해질 수 있음을 인식하여야 한다. 그래서 감사하며 웃는 아름다운 시간을 보내야 한다. 대자연의 넉넉함과 변함없는 질서를 사람의 사랑과 애정 속에서도 지켜 가야 한다. 현실은 그렇지 않아도 항상 마음속에는 사랑과 기쁨이 넘치는 삶을 살아가도록 노력해야 한다 (2010.8.17.).

37. 해운대 밤바다

매년 피서지로 바닷가를 찾아간다. 금년에는 해운대를 겸사겸사 찾아갔다. 합천이 36.5도, 대구가 36도, 서울·대전 등이 33도를 오르는 그야말로 찌는 무더위다. 저녁 여덟 시쯤 해운대 앞바다 모래밭에서 아몬드를 먹으면서 시원한 바닷바람을 맞고 있었다.

캄캄한 바다 멀리 비추는 여객선의 불빛만이 여름바다의 존재를 입증하는 것 같다. 이 배를 탄 사람들은 사랑하는 연인끼리, 가족끼리, 친구끼리 많은 사연을 갖고 추억을 만들면서 즐거운 시간을 보낼 것이다.

밤바다를 바라보면서 소주를 마시기도 하며 즐거운 다정다감한 많은 이야기를 나눠 가리라 생각해 본다. 여유롭게 여름밤 여행을 즐기며 밤바다를 헤쳐 가는 모습이 퍽이나 낭만스럽게 느껴진다. 사람들은 힘들고 어려울 때에 사랑하는 사람이나 관계가 원만한 사람끼리 휴가를 보내는 시간이 아주 소중한 시간이다.

순수한 자연의 품에 안겨서 힘든 일상을 잠시 잊고 여유롭게 좋아하는 사람과 함께 시간을 보낼 수 있음은 행복이다. 나는 부인과 연애할 때는 매년 해수욕장을 갔으나 결혼 후에는 한 번도 같이 가 본

일이 없어서 미안한 마음이 든다. 해수욕장은 친구보다 사랑하는 사람과 함께 갈 때가 더 멋있고 아름다워 보인다.

입추와 말복이 지났는데도 폭염이 그칠 줄 모른다. 보통 입추가 지나면 밤에는 찬바람이 불어오고 낮에도 심한 더위가 물러가게 마련이다. 올해는 이상기후로 여름 지내기가 고역이다. 열대야가 전국의 밤을 괴롭히며 여름 나기의 고통을 심화시키고 있다. 어느 농촌에서는 칠십대 할머니가 더위로 목숨을 거두는 사건도 일어났다.

비닐하우스 안에서 일을 하다가 더위로 질식하였다. 더위로 인해서 몇 사람이 목숨을 잃었다. 인간이 대자연을 극복할 수 있기에는 한계가 있음을 인식하고 생활해 가는 일이 중요하다.

노동과 휴식도 적당하게 해야지 지나치면 탈이 나게 마련이다. 지나친 노동도 건강을 망치게 하며 지나친 휴식도 몸을 해롭게 한다. 낮에 펼쳐 놓았던 수만 개의 파라솔도 걷히고 한때는 70만 명이 넘는 피서객이 모였던 해운대인데 오늘밤은 몇십 명에 불과한 피서객이 해수욕장을 지키고 있다.

연인 몇 사람이 물장난을 치거나 이야기를 나누며 모래 위를 걷고 있다. 물론 오늘 낮에도 30만 명의 피서객이 다녀갔다는 보도다. 해가 진 밤에는 피서객이 거의 없어 매우 한갓지다. 내 앞에서 칠십쯤 먹어 보이는 아저씨가 들어주는 사람도, 관심을 갖는 사람도 없는데 쉬지 않고 열심히 하모니카를 불어댄다.

가끔 소주 한잔을 홀로 마시며 자신이 불어대는 하모니카에 스스로 취해서 흥겨워한다. 나는 밀려왔다 밀려가는 바닷물에 발을 담그며 해변을 걸었다. 보드라운 모래가 발바닥에 닿을 때마다 편안함을 느낀다. 아무런 부담과 생각 없이 모랫길을 걷는 기분도 좋다. 철썩철

썩 소리 내서 밀려오는 파도는 속도와 크기가 다 달라서 걷는 사람의 마음과 느낌을 다르게 해 준다.

5년 전 사업하는 지인과 이곳에 와서 모래밭에 앉아 돼지고기를 삶은 안주와 소주잔을 비우던 일이 생각난다. 이런저런 이야기 속에 불어오는 남녘의 바닷바람에 더위를 식히며 이런저런 이야기로 웃음 짓던 시간이 그리워진다.

지나간 유행가에 나오는 섬마을 선생님의 가사 같은 기분을 느꼈던 젊은 시절, 해변을 거닐었던 순간들은 시간이 흐른 후에도 아름다운 추억으로 남아 있다. 그 당시에는 밤바람이 무척 시원해서 더위를 전혀 못 느꼈는데 오늘은 한여름 찌는 더위가 바닷가에 그대로 머물러 있다. 파도소리를 들으며 모래를 밟고 30분 정도를 걷는 시간이 여유로웠다. 깨끗하고 아름다운 해운대 모래밭을 우리 후손들에게 넘겨주기 위해서 우리는 어떤 일을 해야 하나를 생각해 본다.

한번 파괴된 자연환경의 완전회복은 불가능하며 엄청나게 예산이 들어가므로 자연 상태로 지키고 아끼는 일이 중요하다. 해마다 늘어나는 지구촌의 이상기후로 많은 사람이 죽거나 고통에서 허덕인다.

파키스탄과 중국에 엄습한 수해로 수천 명이 목숨을 잃고 러시아의 건조에 의한 산불로 엄청난 피해를 보았다. 온 인류가 환경 지킴이로서 제 할 일을 다하여야 한다. 가정에서 버리는 물 한 방울도 아껴 써서 자연을 보호할 때에 아름다운 해운대 바다를 지킬 수 있다는 생각을 해 본다.

아직도 해수욕장에서 소주병을 깨뜨리고 쓰레기를 버리는 사람이 많다. 길거리나 해수욕장에서도 쉬지 않고 피워대는 담배연기는 너무너무 괴롭다. 지구촌 환경재앙의 시작을 막기 위해서 온 인류가 각별한 주의를 돌려 환경을 보호하여야 한다. 어느 기상학자는 지구에서 인간이 잘 살 수 있는 기간을 2백 년이라고 한다.

지구의 환경을 살리기 위해서 인류 모두가 환경운동가가 되어서 물 한 방울 종이 한 장을 아껴야 할 때다. 가끔 생각나는 어릴 때 황토 골짜기를 흐르는 장맛비의 맑고 깨끗한 물이 그리워진다. 누가 휴지 한 장 버리지 않고 흐르는 물줄기를 막지 않아서 자연 그대로 물이 흘러갔다.

지금이야 자연 상태의 물 흐름을 보려면 깊은 산골짝을 가야 하지만 그 시절에는 생활터전 어디에서나 자유롭게 볼 수 있었다. 자연 상태로 유지하면서 살아가는 지혜가 언제 살아날지 아쉽기만 하다 (2010.8.20.).

38. 진돗개 돌돌이

　고향이 청양인 대학 후배가 있다. 이 후배는 7년 전에 고향에다 2억 원을 들여서 아담한 전원주택을 지었다. 나도 집들이를 할 때에 두세 번 이 집을 방문한 적이 있다. 널찍한 마당에 커다란 양식집은 마치 별장 같은 느낌이 든다. 뒷산에는 참나무, 소나무, 감나무, 밤나무가 즐비하고 나무 밑에는 고사리가 집단으로 자라나고 있다.

　이 친구는 고사리를 뜯어서 도시에 사는 지인들에게 선물을 한다. 농촌에 사는 사람들이 농산물을 쉽게 아는 사람에게 선물하는 이유가 풍부함과 무욕에서 비롯되는 것 같다. 이 친구와 나는 대학에서 처음 알아서 함께 전국 세미나에도 참석하며 가깝게 지냈다.

　졸업 후에는 내가 운영하는 청소년지도연구원 이사로 함께 활동을 한다. 마음씨가 넉넉하며 경제적 여유가 있어 매사에 적극적이며 넉넉하게 살아가고 있다. 농촌은 천지가 먹을 것이며 조금만 노력하면 손쉽게 얻을 수 있다. 이곳에 친구 어머니가 거주하면서 진돗개 두 마리를 기르고 있다.

　먹이는 사료를 구입해서 기르며 친구와 뒷산에서 산보를 즐긴단다. 한번은 뒷산을 걷는데 오소리를 발견하여 필사적으로 물어서 잡아 왔단다. 진돗개는 승부욕이 강하며 주인에 대한 충성심이 강한 동물이다.

이번에 진돗개가 5마리의 새끼를 낳았다고 한다. 그중 수놈 한 마리를 나에게 주기로 했다. 새끼를 낳은 지 두 달이 되었는데 뗄 때가 되었다며 나에게 한 마리를 주었다. 새끼 개는 그동안 어미의 젖과 사료를 먹었단다.

다섯 마리 새끼와 어미와 장난을 치면서 재미있게 생활하다 우리 집으로 오게 되었다. 이제부터는 함께 장난치고 놀 친구도 없고 먹을 엄마젖도 없는, 완전히 환경이 다르게 변하였다.

강아지는 청양에서 승용차로 한 시간을 오면서 구토를 하며 힘들어했다. 처음으로 목에 줄을 맸더니 깽깽대며 힘들어한다며 친구가 사정을 이야기한다. 사람이나 짐승이나 자기 집이 좋으며 환경이 바뀌어서 적응하는 데에는 어쩔 수 없이 시간이 많이 걸리게 마련이다.

우리 집이 청양의 고향집보다 정감이 더 가고 살기 좋은 곳이 되도록 앞으로 많은 관심을 갖고 보살펴 줘야 할 것 같다. 집에 오자마자 바다와 집사람이 먹이와 물을 주니 잘 먹는다. 바다가 목걸이를 한 강아지를 데리고 집 안을 한 바퀴 돌았다. 바다 역시 이번 개에 대하여 관심이 많아 학교에 갔다 오면 개와 십여 분 이상을 놀면서 즐긴다.

돌돌이는 얼른 화단으로 올라가서 대변과 소변을 보았다. 진돗개라 그런지 배설을 아무 데나 안 하는 것 같아 퍽 다행스러웠다. 개의 품종에 따라서 행동이 달라지는 것을 보면 사람의 성장과정에서 환경의 중요성이 강조됨을 알아야 한다. 한편으로는 걱정이 든다. 진돗개는 키가 1미터 이상 되어 많은 먹이와 배설물이 문제가 될 것 같다. 짖어대는 소리도 커서 민원이 생길까 걱정이다.

저녁에는 지친 듯 조용히 잠을 자더니 아침에 일어나자 어미와 친구를 찾듯이 깽깽거리며 시끄럽게 한다. 앞으로 커도 지금처럼 행동하면 좋으련만 걱정이 앞서는 일을 어쩔 수 없다. 개도 친구와 헤어지면 보고 싶고 그리운가 보다. 나는 맑은 돌돌이 눈을 한참 동안 쳐다보았다. 청순한 눈동자가 마치 어린아이의 눈망울처럼 보인다. 다음 날 돌돌이는 잠에서 깨어나더니 어미를 찾는 듯 몇 번 낑낑대더니 다시 조용해진다.

목에 방울이 있어 뜰에서 조금만 움직여도 방울소리가 들린다. 낮에도 잠시 잠을 자면서 비교적 적응을 잘하는 것 같다. 맑은 눈이 마치 돌 지난 어린애처럼 초롱초롱 맑다. 우리 집에서 개를 기른 것은 팔 년 전 일이다.

장모께서 하얀색에 밤색 점이 있는 강아지 한 마리를 주셨다. 다커도 키가 30㎝ 정도밖에 안 되는 애완견 종류다. 먹이도 적게 먹고 사람과 잘 어울리기를 좋아했다. 그러나 낯선 사람에게는 당차게 짖어대며 경계를 한다. 신문배달부나 휴지를 가져가는 할머니에게는 미안할 정도로 당차게 짖어댔다. 막내아들이 돌돌이라고 이름을 지은 후 계속해서 그 이름을 사용해 오늘에 이르고 있다.

내가 평소처럼 개 이름을 돌돌이라고 부르자 집사람이 진돗개는 똑똑하니 똘방이라고 부르자고 한다. 발음과 습관 때문에 쉽게 똘방이라는 말이 잘 안 나와서 나는 그냥 돌돌이라고 부르기로 했다. 앙칼지게 짖어대는 일로 많은 어려움을 겪기도 할 것 같다.

우리 집은 처음에 개를 암컷을 길러서 새끼를 낳아 몇 번 기르다 마지막에는 수놈을 길렀는데 병들어 죽고 말았다. 개는 도로가를 지나는 행인소리만 들어도 앙칼지게 짖어댔다. 목걸이를 묶지 않아서 온 동네를 돌아다니며 활개를 치며 살았다.

날이 밝으면 집에서 반경 3㎞를 마음껏 돌아다녔다. 죽은 돌돌이와는 정이 많이 들어서 죽는 날 마음이 많이 아팠다. 항상 주인을 보면 귀엽게 달려와서 꼬리를 흔들면서 반가워했다. 그러나 나는 깨끗하지 않은 털의 병균이 손에 묻을까 봐 자주 만져 주지 못했다.

죽은 돌돌이를 뒷산에 고이 묻어 주고 돌아오는 발걸음이 무겁기만 하였다. 좀 더 사랑하지 못한 탓인 것 같아서다. 만물을 평등하게 영원히 사랑할 수 있음은 행복의 근원이 된다. 앞으로 죽은 돌돌이를 생각해서 더 많은 사물을 사랑하고 위하면서 살아갈 것이다(2010.8.23.).

39. 겨울에 피는 한란 꽃

　온 세상이 추위로, 따뜻한 방을 찾아서 따끈한 커피 한 잔 마시고 싶은 충동이 이는 시간이다. 따사로운 실내에 놓아둔 난초꽃 향기가 소중해 보이는 계절이다. 추운 겨울날엔 한란의 꽃향기에 취해 보고 싶어진다, 거실 탁자 위에서 하얀 꽃을 피울 한란은 겨울에 볼 수 있어서 더욱 관심이 가고 귀해 보인다.

　겨울 도심은 꽃은 고사하고 잎을 떨어뜨린 앙상한 가지가 외롭고 쓸쓸함의 상징이 되어 사목(死木)처럼 서 있다. 삭막하고 생명이 잠자는 계절에 다행히도 집 안에 들여놓은 5년생 한란이 꽃대를 내밀며 옅은 향기를 뿜어 낼 것이라고 생각하고 있어 다행스럽다.

　한란은 향이 있는 듯 없는 듯 옅은 냄새를 풍겨서 마음을 아주 편안하게 해 준다. 사람도 있는 듯 없는 듯이 말이 없고 조용하게 이야기를 나누며 사색하고 살아가는 이가 있는가 하면 조그만 일에도 온 세상을 떠들썩하게 소리 내며 야단법석을 떠는 사람이 있다. 나는 전자의 사람을 더 좋아한다. 사려 깊은 사람은 언행을 함부로 하지 않고 신중하게 하며 타인을 배려하려는 마음을 가졌기 때문이다. 말보다 실천의 미덕을 존중하는 사회는 진정으로 자유로움과 여유가 있어 좋다.

한란 향기를 맡으려면 마늘이나 커피, 술 같은 냄새가 짙은 식음료를 먹어서는 안 된다. 지난해에 한란 꽃향기를 마음껏 맡아 본 경험 때문이다. 정결한 몸과 마음을 갖고 여유 있게 향기를 맡아 본다는 마음을 가져야 한다. 사군자 매, 난, 국, 죽 중에서 난이 으뜸이라는 생각을 하게 됨도 엄동설한에 꽃을 피우기 때문이다. 대부분 난 꽃은 조그마하고 하얀색이다.

난초처럼 고상하고 시간을 기다릴 줄 아는 인내와 여유를 갖고 생활하려는 사람은 항상 미소가 머물기에 호감이 간다. 한란의 싱싱한 잎은 겨울 추위를 녹여 주고 은은한 향기는 마음을 차분하게 만들어 깊은 사색에 쉽게 빠질 수 있는 분위기를 만들어서 좋다. 사람도 항상 여유로운 마음을 갖고 미소 지으며 선하고 착하게 살아가면 행복하다.

춥다고 실내에서 움츠리고 있는 것보다 등산을 하거나 농구, 배구 등의 운동을 하는 것이 건강에 도움이 되는 줄 알면서도 실천하지 못하는 것이 보통 사람들이다. 활동량이 적은 기다림의 계절인 겨울이라는 시간은 더 많은 활동을 통해서 성숙하기를 바라는 것 같다. 사람들은 쉽게 겨울을 독서와 사색의 계절이라고 말하나 책 읽고 생각하는 여유로운 시간은 사계절이 공통으로 갖고 있다.

거실 한구석 탁자 위에서 꽃대를 내민 한란도 겨울추위를 느껴 꽃을 피우려 하는 것 같다. 한란은 환경이 나쁠 때에 꽃대를 키우는데 사람은 역경과 고난이 닥쳐오면 쉽게 절망하고 포기하려 한다.

어려움과 고통의 시간이 오면 앞으로는 항상 한란을 생각하며 극복해 가야 한다. 한란이 꽃을 피우는 이치처럼 사람도 위기를 맞을 때에 희망을 향한 기회로 삼아 극복하는 현명함을 가져야 한다. 고난이 닥쳐오고 근심걱정이 있더라도 의지와 확신으로 극복해 가는 자신감이 중요하다. 역경을 딛고 목적을 달성하는 사람은 더 큰 희열을 느끼며 매사에 자신감을 갖게 된다.

한란은 보아주는 이 없어도 홀로 꽃을 피우고 향기를 뿜어 낸다. 거실의 탁자와 장식장 위에 놓아둔 두 개의 한란은 아직은 견디기 좋은 환경인 듯 꽃대를 올릴 기미를 보이지 않는다. 안방은 따뜻하고 가습기가 있어 습도조절을 해 주고 있으니 한란에게 더없이 좋은 환경이 되는 것 같다. 모든 식물은 환경이 나쁘면 빨리 씨앗을 만들려고 꽃을 피운다.

대표적으로 게발선인장의 연분홍 꽃이 증명해 준다. 온도가 떨어지고 메말라 습기가 부족하면 어느새 꽃대를 아래로 늘어뜨린다. 소나무도 박토에서는 잎을 키우지 못하고 솔방울을 맺는다. 씨앗을 만들어서 종족을 보전하고 번식하려는 생명체가 갖고 있는 종족보존의 원리이다. 한란도 그런가 보다. 습기가 적고 온도가 낮은 거실의 부적합한 환경에서 꽃을 피우기 때문이다.

평소 가까이 지내는 어느 대학총장의 초대를 받아 집을 방문한 적이 있다. 현관을 들어서니 난초 향기가 코를 자극했던 기억이 난다. 남쪽 거실에 수십 개의 각종 난초가 화원처럼 싱싱하게 자라고 있었다. 난초는 관리하기가 어려우며 물 주기, 햇볕 쪼이기 등의 세심한 배려가 뒤따라야 한다. 난초는 사람의 정성과 사랑을 먹고 자라서 향기로 답례하는 것 같다. 자연 상태로 놓아두든지 아니면 정성을 다하여 가꿔야 꽃을 볼 수 있는 것이 난초이다.

나도 추운 올 겨울날에 한란의 향기처럼 소중한 저서를 한 권 쓰려고 열심이다. 그동안 틈틈이 써 놓았던 수필과 칼럼을 정리하면 두 권의 책이 나올 것 같다. 나는 그간 수십 권의 저서를 출판하였다.

다행히도 출판사에서 나에게 약간의 인세를 주고 출판을 해 주니 고마울 뿐이다. 때로는 독자들부터 신선한 내용이라며 격려를 받기도 했다. 그때마다 나의 글이 독자에게 감동과 마음의 양식이 된다는 생각에 가슴 뿌듯함을 느낀다. 몇 사람 안 되지만 그 사람들에게 나는 항상 고맙고 감사한 마음을 갖는다. 거실에 꽃 피기를 기다리고 있는 한란이 나의 마음에 던져 주는 많은 사색의 대상이 되어 고마울 뿐이다. 한란 향기를 기다리며 사색할 수 있는 겨울날의 우리 집이 한층 여유 있고 고상해 보인다. 한 촉의 난을 보고 한 대의 꽃을 기다리는 경이로운 시간을 갖게 해 준 것도 한란인가 싶어 더욱 소중한 마음을 갖게 된다.

거실의 한구석을 지키고 있는 한란은 고향의 산천을 그리워하는 듯 푸른 잎에 윤기를 더해 가는 것 같다. 한란은 원래 따뜻한 지방의 심산유곡에서 자라난다고 한다. 나는 겨울날에 집 안의 한란 몇 개가 있어 포근하고 넉넉함을 주기에 고마울 뿐이다. 앞으로 더 많은 한란을 키워서 겨울을 외로워하거나 추워하는 사람들에게 나눠 주어야겠다고 생각한다.

40. 사랑이 넘치는 그리운 사람

　사랑하는 사람은 시간이 흐를수록 보고 싶어지고 그리워진다. 세월이 지나갈수록 잊히지 않고 보고 싶으며 그리워지는 사람이 있는 것은 다행이다. 생각하면 가슴 뛰며 곧 달려가서 만나고 싶은 충동을 느끼게 한다. 시간은 기억을 지워 가고 망각을 통한 새로운 공간을 제공해 주지만 쉽게 잊히지 않는다. 어린 시절의 친구가 그렇고 첫사랑의 연인이 그러하며 여행길에서 만났던 친절한 길손이 그러하다. 이들과의 관계는 순수하고 조건이 없었기 때문이다.

　어린 시절 추석날에 집 앞 미루나무에 걸려 있는 둥근 보름달을 보면서 종알종알 이야기하며 송편을 먹던 여자 친구가 보고 싶다. 뒷산에서 나뭇가지를 꺾어 병정놀이를 하면서 뛰놀던 추억도 그리워지기는 매한가지다. 시냇가 맑은 물에 미역을 감으며 놀던 물놀이도 정말 즐거웠다.

　사랑하는 사람과 영원히 이별하여 꼭 죽을 것만 같은 슬픔도 시간이 지나가면 엷어지고 잊혀서 새로운 삶을 살아가게 된다. 때로는 부끄러움이나 모멸감, 치솟는 분노 등도 시간의 흐름을 잊게 하여 새로운 방향을 제시해 준다. 삶은 오묘한 진리를 찾아가는 미로 같아서 변화무쌍하며 스릴과 재미가 있다.

철모르고 뛰놀던 초등학교 시절이 가끔 생각나는 것은 순수와 무욕의 덕분이 아닌가 생각된다. 사물의 현상과 느낌의 단순함은 거짓과 변명의 여지를 찾을 수 없게 했다. 그래서 어린 시절에 만났던 사람들과 첫사랑하던 사람이 그리워지는가 보다. 운동장의 고운 모래만 봐도 신기하고 소중하게 느껴지던 시절이었다. 딱지 한 장과 돌멩이 한 조각을 무엇과도 바꿀 수 없었던 소중한 보물처럼 여겼던 일은 생각만 해도 실소를 금할 수 없다. 그때는 가장 중요한 놀이기구였기 때문이다.

지난 가을에 뜰에 피었던 국화꽃을 그리워하는 마음은 지나간 생활 속에서 만나는 사랑하는 사람의 그리움에 지친 발로인가 생각한다. 지금은 뜰아래 화분에서 뿌리에 생명의 꿈을 간직한 채 봄을 기다리는 국화의 가을꽃을 생각해 본다. 사물이나 사람이나 가치 있고 정이 들어 있다는 것에서 그리움이 묻어난다. 나는 가끔 초등학교 시절에 쓴 일기장을 보면서 부인과 박장대소를 한다. 그 시절의 상황과 사고가 그리도 단순하고 어리석었는지 상상이 안 간다. 역시 시간은 가치를 변화시키고 추억을 쌓으며 새로운 아름다움을 성장시켜 가나 보다.

친인척 중에도 유달리 사랑이 넘쳐 사소한 일에 쉽게 감동하고 사사로운 일에도 관심을 갖고 보살핌으로 인간관계를 유지해 가는 사람이 있다. 조금만 색다른 음식이 있어도 서로 나눠 먹고 감기만 들어도 무슨 죽을병이나 걸린 것처럼 걱정을 태산같이 한다.

마치 부모가 외아들을 애지중지하듯 아끼고 사랑하는 사람이 있다. 때로는 너무 지나치고 넘쳐서 부담스럽게까지 느끼게 한다. 그러나 사랑은 과해도 싫지 않으며 새록새록 정을 두텁게 한다. 사랑은 넘침이 없어 항상 모자람으로 갈증을 느끼는 오늘의 세상살이에 여유 있고 넉넉하여 기분을 좋게 해 준다.

만물이 정지한 것 같은 겨울에는 그리운 사람이 보고 싶어지고 넘치는 사랑을 하고 싶어진다. 이 겨울날에 그리운 사람에게 이메일을 보내고 소중한 사람에게 넘치는 사랑을 하면 삶이 더 아름다워질 수 있으리라. 사랑은 관심을 갖고 실천하는 용기에서 시작됨을 생각해 본다.

심산유곡 폐가에서 수도를 하는 고승이 쓴 글을 읽은 적이 있는데 산속 길에 잡초가 우거져 걷기가 힘들게 되자 잡초를 뽑으면서 이곳은 네가 있을 곳이 아니라면서 미안한 마음으로 풀을 뽑았단다. 길섶의 잡초까지도 생명을 소중하게 생각하는 마음에 감탄하지 않을 수가 없다.

지난 그리움과 추억을 자신의 재물보다 더 소중하게 간직하려는 마음을 가질 때에 넉넉하고 풍요로워지리라. 사람이 사람을 그리워하고 사랑하는 일이야말로 최고의 가치가 되어야 한다. 그리움의 바다에 사랑의 뱃놀이를 하는 것도 즐거울 것이다. 서로 사랑하고 좋아하며 한평생을 함께 살아간다는 것은 축복이며 행복이다. 지금이라도 시간을 내어서 사랑하는 사람에게 소식을 전하고 작은 선물을 보내는 여유를 갖는 것도 즐거운 일이 될 것이다. 사랑은 그리움을 만들고 그리움은 기다림의 여유를 더해 준다.

41. 풍만한 낙동강

가끔 부산에 기차를 타고 가는데 가는 시간이 지루하지 않은 것은 가는 도중에 푸른 낙동강을 바라볼 수 있어서다. 어머니 가슴보다 더 풍만함과 넉넉함의 낙동강을 나는 정말로 좋아한다. 낙동강 변에 심어진 채소와 자연스럽게 자라나는 잡초마저도 호감이 가며 주위 환경과 아주 잘 어울려서 매우 소중하게 보인다.

부산 모 대학에서 동계 학술 발표대회가 있어 기차를 타고 오랜만에 부산에 가게 되었다. 기차여행은 나이를 초월하여 항상 낭만이 있고 여유가 있어서 좋다. 나는 지금도 한 달이면 일고여덟 번은 기차를 타고 서울에 간다.

차창 가에 어리는 풍경은 시간에 따라서 달라지는 논밭의 작물이며 산하의 초목이 아름답기만 하다. 계절과 아침, 점심, 저녁 시간에 따라서 달라진다. 창가의 건물은 별다른 변화가 없지만 마음은 항상 설레고 들뜨게 된다. 우선 기차를 타면 홀가분한 기분으로 모든 것을 잠시 잊고 생각할 수 있어 좋다. 이번 부산행 기차도 홀가분한 기분으로 탁 트인 낙동강을 바라보니 상쾌하기 그지없다.

낙동강 푸른 물 위에는 원앙새와 청둥오리가 물놀이를 하고 있다.

유유히 강 위를 떠다니는 새들의 여유로움은 마음을 평화롭게 해 준다. 강가의 밭에는 시금치며, 골파와 보라가 새파랗게 새싹을 키워 가고 있다. 드문드문 보이는 초막은 강물과 잘 어우러져 한 폭의 동양화를 연상케 해 준다. 사계가 뚜렷한 우리 산하는 철 따라 다른 풍경을 만들어 주고 색다른 분위기에 사색하고 미소 지을 수 있어 좋다.

충청도의 금강과 경상도의 낙동강은 가히 비교할 수 없이 크기가 다르고 사연이 다름을 생각하며 강물을 바라본다. 자연의 변화를 통해서 세월의 빠름과 덧없음을 절감하며 오늘의 존재함에 감사하고 열심히 살아야 된다고 다짐하게 됨도 낙동강을 바라보며 얻은 소득이다.

20여 년 전 부산에 있는 대학에서 시간강사를 하던 시절, 기차를 타고 낙동강을 바라보며 자신의 처지와 미래의 상념에 깊이 젖었던 추억이 새롭다. 낙동강은 고달픈 시간강사 시절 나를 위로하며 희망을 키워 주었다. 불안하고 힘든 시간을 위로해 주며 내일의 확신을 주었던 강물이다. 항상 여유만만하고 풍요로움을 주기에 항상 넉넉함만을 생각할 수 있었다.

낙동강 변 초가집 앞마당에는 갓 부화한 노란 병아리가 어미닭과 먹이를 찾아 텃밭을 헤집는 정경이 정겨워 보였다. 푸르른 낙동강 물결에 눈을 떼지 못하고 기차가 다 지나갈 때까지 차창 가를 응시했다. 정말로 행복했고 아름다웠던 기억이 되살아났다.

꿈과 희망은 이뤄졌을 때보다도 가능성을 향해 노력하고 기다릴 때가 더 좋았던 것 같다. 대학교수가 되어 학문을 연구하며 후학을 열정적으로 가르쳐서 존경받는 교수가 되길 소원했다. 지금도 가끔 그 시절을 회상하며 좀 더 정성과 사랑을 쏟아 학생들을 가르치고 지도해 가려 노력한다.

나는 지금 소망을 이루고 행복한 직장생활을 영위하고 있지만 부족함과 아쉬움이 많은 것은 더 노력하라는 천명을 받아들여 열심히 살아가야 하기 때문이다. 젊은이들과의 만남을 통해 긴 세월의 차이를 극복하여 함께하고 있음에 감사한다.

낙동강은 우리나라 강 중 세 번째로 긴 강으로 길이가 513.5㎞에 이르고 유역의 면적이 2만 3860㎢이다. 풍부한 수량은 가뭄을 모르고 항상 넘치는 물결을 자랑하고 있다. 낙동강의 발원지는 강원도 태백시 화전동 천의봉이다. 맑은 물줄기가 태백의 정기를 받아 발원하기 시작한다.

천의봉에서 흐르기 시작한 물줄기는 흐를수록 수량을 더해 가며 경북 봉화군, 안동시, 예천군, 상주시, 구미시, 칠곡군, 고령군을 거쳐 경남 밀양시, 김해시를 휘감아 흐르는 우리나라 최장의 강이다. 결국 맑은 남해로 흘러가는 긴 여정의 강물이다. 수량이 풍부한 낙동강에 1969년 남강댐을, 1976년에는 안동댐을, 1992년에는 임하댐을 만들었다. 평화롭던 낙동강 변의 농촌은 빠른 도시화 속에 현대식 건물과 공장이 들어서면서 물은 오염되었고 풍경은 훼손되어 갔다.

낙동강은 우리 민족과 더불어 많은 사연과 희비애락의 애환을 넓은 가슴에 품고 흘러간다. 낙동강 유역에는 선사시대 때부터 사람이 살기 시작한 곳으로 우리 민족의 역사와 함께 숨 쉬어 온 곳이다. 낙동강은 환란의 터전이며 격전지로 임진왜란, 6·25전쟁 등을 비롯해서 수많은 전투가 벌어졌던 역사의 현장이다.

특히 6·25전쟁 때에는 국군과 적군의 피가 강물을 붉게 물들일 정도였단다. 얼마나 치열한 전투가 벌어졌는가를 상상할 수 있다. 중고등학생으로 구성된 학도병들은 탄창을 꽂을 줄도 모른 채 전투에 투입되었던 절박한 시기의 용맹한 전사였다.

그들의 피가 오늘의 조국을 지켰음을 잊어서는 안 된다. 사력을 다한 낙동강 방어선의 사수로 9·28수복의 전기가 마련되었다. 우리 민족과 국토를 끝까지 지켜 낸 고마운 은혜의 강이다. 전사의 슬픔만큼 평화의 노래도 끊이지 않고 있다.

시대에 따라 낙동강을 주제로 수많은 노래가 불리고 서민들의 애환을 포근히 감싸 안은 어머니 같은 강이다. 군에 간 오라버니를 대신해서 부모님을 봉양하며 농사를 짓는 누이의 효성스러운 모습을 노랫말에 담아서 서민들이 즐겨 불렀다.

세월은 흘러도 낙동강 물은 변함이 없이 흐르고 있다. 한결같은 물결은 언제 보아도 마음에 평화를 가져다준다. 어머니 품보다 더 넉넉하고 평화로운 우리들 삶의 터전이 낙동강 푸른 물을 볼 수 있음에 복된 마음으로 미소 짓는다. 수십 번을 보고 또 보아도 낙동강의 아름답고 풍만한 강물은 모든 번민을 털어 주고 강물처럼 넉넉함만을 주기에 감사할 뿐이다.

42. 볼품없는 접시꽃

시골집 언덕이나 마당 옆 경사진 화단에는 대부분 접시꽃을 심는다. 나도 어린 시절 비스듬한 언덕에 핀 접시꽃을 보고 정말로 볼품없이 생겼다고 생각했던 기억이 난다. 접시꽃은 꽃 같지 않게 아주 흔하게 아무 곳에서나 잘 자라난다. 별로 관심을 받지 못하고 피었다가 시들고 만다.

나는 우리 집 앞마당 화단에 접시꽃 씨를 심기 위해서 종묘상에서 사 온 꽃씨 봉지를 뜯었다. 겉은 총천연색 컬러로 인쇄된 소담한 접시꽃이 그려져 있었다. 가위로 봉투를 자르는 순간 기가 막혔다. 세상에 꽃씨 다섯 알이 들어 있었다. 회색빛을 띤 볼품없는 접시꽃 씨를 화단에 정성껏 심었다.

파란 새싹이 돋아나고 분홍 꽃으로 피어나길 기원해 본다. 우리 집에 20년 만에 처음으로 접시꽃이 필 것이라는 기대를 하면서 정성껏 보살피고 가꿔 갈 것이다. 생각하니 마음이 설레기도 한다. 비좁은 화단이지만 접시꽃이 자리할 만한 공간이 있어 다행스럽다.

가을에 시골에 가면 접시꽃 씨를 마음껏 모을 수가 있다. 아주 흔한 꽃씨인데 가격이 너무 비싼 귀한 대접을 받고 있다는 생각이 든다.

접시꽃은 1미터 정도 자라면 잎이 어긋나기로 나며 조금은 천박스러워 보이기도 하고 어찌 보면 순박한 시골 아주머니 같은 느낌이 들기도 한다. 꽃이 볼품은 없고 향기는 나지 않아도 눈으로 보기에는 풍성하고 소담스러워 서민들로부터 사랑을 받아 왔다.

후덕한 시골 아주머니 같은 모습을 한 접시꽃은 고개를 갸우뚱하게 피어나서 어떻게 보면 고민 많은 청소년을 연상하게 된다. 마치 접시처럼 생겼다고 해서 붙여진 이름 같다. 접시는 음식을 담아 먹는 그릇으로 가장 낮은 곳에서 음식을 담는 소중한 기능을 담당한다. 이는 어진 며느리의 희생과 같이 눈길을 끄는 아름다운 모양이나 향기로움은 없어도 딱 벌어진 큰 꽃잎에는 넉넉함과 풍성함이 담겨 있다.

조선시대 때 가난한 집안의 맏며느리처럼 넉넉한 마음으로 모두를 감싸 안으며 희생과 헌신으로 일관된 자애로움과 너그러움으로 가득한 꽃처럼 보인다. 빼어난 미색은 없어도 순수하고 풍성한 꽃잎은 배고픔과 고달픔을 이겨 낼 수 있도록 위안을 주고 포근한 모습으로 서러운 마음을 감싸 안았을 것 같다.

어렸을 때에 아랫집 할머니가 담장 아래 비탈진 곳에서 접시꽃을 심어 무더운 여름날에 시원하고 곱게 피어난 접시꽃을 보고 더위를 식혔던 기억이 난다. 그 할머니는 실없이 며느리와 손녀딸에게 욕을 했다. 조금만 비위에 거슬리면 "육시랄 년, 호랑이나 물어 갈 년" 등의 주된 욕을 퍼부었다. 욕을 하는 사람이나 듣는 사람 모두가 그렇게 기분이 나빠 보이지 않았다. 너무 상대방을 잘 알아서 쉽게 이해하니까 그런가 보다.

할머니는 인정이 있어 가물어 접시꽃이 시들면 구정물을 뿌려 주던 너그러움이 있었다. 지금은 돌아가신 지 오랜 시간이 흘렀지만 접시꽃을 보면 이웃집 할머니 생각이 난다. 저승에서도 실없는 욕을 하며 며느리와 손녀딸을 기다릴 거라 생각해 보니 실소가 난다. 아담한 초가집의 담장 울타리 가에 접시꽃을 심어 오가는 행인들의 눈을 즐겁게 해 주었다. 접시꽃은 서민들의 친근한 벗으로 언제나 변함없는 소박한 모습으로 항상 우리 곁을 지켜 온 꽃이기에 사랑스럽다. 시인 도종환의 「접시꽃 당신」이라는 시를 다시 한 번 읽어 본다.

옥수수 잎에 빗방울이 날립니다.
오늘도 또 하루를 살았습니다.
낙엽이 지고 찬바람이 부는 때까지
우리에게 남아 있는 날들은
참으로 짧습니다.
(중략)
콩댐한 장판같이 바래어 가는 노랑꽃 핀 얼굴 보며
이것이 차마 입에 떠올릴 수 있는 말은 아니지만
마지막 성한 몸뚱아리 어느 곳 있다면
그것조차 끼워 넣어야 살아갈 수 있는 사람에게
뿌듯이 주고 갑시다.
기꺼이 살의 어느 부분도 떼어주고 가는 삶을
나도 살다가 가고 싶습니다.
옥수수 잎을 때리는 빗소리가 굵어집니다.
이제 또 한 번의 저무는 밤을 어둠 속에서 지우지만
이 어둠이 다하고 새로운 새벽이 오는 순간까지
나는 당신의 손을 잡고 당신 곁에 영원히 있습니다.

사랑하는 사람에 대한 그리움을 잘 표현하고 있다. 시인은 사랑하는 여인을 여읜 슬픔을 시로 발표하여 일약 저명인사가 되었다. "살아생전 옷 한 벌 못 해 주고 죽어서 삼베옷을 해 줬다"는 시구는 연인들의 심금을 울렸다. 다양한 표현으로 사랑과 애틋함을 노래한 시인의 마음을 갖고 싶다. 접시꽃은 우리 생활 속에 서민들의 정서와 함께해 온 꽃이기에 감동을 주고 가슴에 와 닿는다.

금년 가을에는 접시꽃 씨를 받아서 필요한 사람들에게 듬뿍 나누어 주겠다는 생각을 해 본다. 넘치는 대지의 품을 사랑과 관심으로 보듬으면서 이웃과 함께하는 삶은 정말로 행복할 것이다.

흔한 접시꽃 씨를 귀하게 생각하며 정성스러운 마음으로 함께할 때에 화려한 마음의 접시꽃을 피울 수 있을 것 같다는 생각이 든다. 꽃은 작으며 모양이 아름답고 향기를 뿜어내야 관심이 있고 사랑을 받게 된다. 그러나 접시꽃만은 아무런 매력적인 요소가 없으며 사연만 있는 우리 서민들과 함께해 왔기에 관심이 깊은가 보다.

43. 푸른 남해의 행복한 시간

　남해에 있는 관광호텔 회의실에서 새마을 지도자를 상대로 특강을 하기 위해서 오전 11시 40분에 남해를 향해 충남도청에서 승용차로 출발하였다. 원래 나는 과거에도 전국을 돌면서 지역사회 개발, 청소년 지도 등의 주제로 강의를 하였다. 큰 목소리로 2시간 강의를 하며 피로가 풀리고 보람을 느꼈던 일들이 너무 많았다.

　시원하게 뚫린 대진고속도로를 평균시속 140㎞로 달렸다. 30년 운전경력의 기사가 믿음직스럽게 운전을 하여 마음 놓고 풍경을 감상할 수 있었다. 울창하게 자란 산속의 나무를 헤집고 가끔씩 주택들이 들어서서 마치 이국의 별장 같다는 느낌이 든다.

　진초록으로 뒤덮인 산허리를 휘감아 승용차는 지칠 줄 모르고 달리고 있다. 언제 보아도 정겨운 조국의 산하는 항상 나의 마음을 설레게 하며 여행하는 마음처럼 기쁨을 준다. 풍경이 좋아 보이는 곳은 별장 같은 주택이 있고 호화묘지가 보인다. 어떻게 건축허가가 가능했는지 내 상식으로는 이해가 안 간다.

　산에 심긴 나무는 참나무와 소나무가 주종을 이루고 있다. 아마 60~70년대 사방공사사업으로 속성수를 심은 것 같다. 벌거벗은 민둥산을 푸르게 만드는 데는 성공했지만 이를 이용해서 수입을 창출하는 데는 실패한 것이다. 일본은 산에 심은 나무를 한 그루 한 그루씩 관리하면서 목재를 생산해서 소득을 올리고 있다.

이에 비하면 우리나라 산은 잡목이어서 이용가치가 없으며 산불이 나면 진화하기가 어렵다. 임도를 개설하고 수종을 갱신하여 산림자원을 활용하는 일이 시급한 과제이다. 우리나라는 지하자원도 없지만 산이 전 국토의 70% 정도를 차지하고 있으나 목재생산을 비롯한 산림자원은 거의 없는 실정이다. 앞으로 임야를 개발하여 수익성 있는 나무를 심어서 후손에게 물려주기 위한 장기계획을 세워야 한다.

남해대교를 지날 때에 주변의 리아스식 해안의 아름다움은 감탄을 자아내게 한다. 오밀조밀한 어촌의 형형색색의 집들이 이국적인 정경을 보는 듯하다. 해안가에 집을 짓고 아내는 조개와 굴을 따고 남편은 배를 띄워 고기를 잡으며 생활하고 있단다. 그 삶은 고달프고 서러우며 외로웠기에 어부들의 구성진 노랫소리는 우리의 가슴을 파고든다.

평화롭고 넓은 바다가 있건만 우리 어부들은 수천 년을 가난하게 살아왔다. 지금이야 조선기술이 세계에서 1위이지만 삼면이 바다로 둘러싸인 해양국가 어부들의 삶이 빈곤한 것은 정책의 잘못이 크기 때문이라는 생각이 든다. 어부들이 행복하고 안전하며 잘사는 시간을 앞당기기 위한 노력을 해야 한다.

바다가 보이는 곳에 위치한 스포츠호텔에서 행사가 있었다. 나는 새마을회 회원들의 수련회에서 "21세기의 새마을운동은 변화해야 한다"는 주제로 특강을 하였다. 3백여 명의 새마을회원들이 내 강의에 공감을 표시하고 고개를 끄덕인다. 강사와 청중이 혼연일체가 되어 공감을 불러일으키는 대중강의는 용광로에서 융해되듯이 하나가 되는 데서 기쁨을 찾는다.

개구리가 활동하기 가장 좋은 물의 온도는 15도라고 한다. 이 물을 1도씩 온도를 높여서 40도가 되면 개구리는 화상을 입은 채로 죽고 만다. 그러나 갑작스럽게 물 온도를 40도로 높이면 개구리는 본능적으로 후다닥 뛰어나오게 된다. 강의는 이러한 현실적인 사례와 현상을 들어서 설명하였다.

참석자의 박수갈채 속에 강의를 마치고 나는 바닷가로 향하였다. 나는 30여 년을 새마을지도자와 지역사회개발지도자 그리고 청소년지도자를 대상으로 수천 번의 강의를 했다. 제주도에서 강원도까지 전국방방곡곡을 누비면서 강의를 즐겨 했다. 내 전공과 경험과도 맞지만 항상 꾸밈없는 순수한 그들이 좋아서 기쁜 마음으로 어디든지 강의를 하러 다녔다.

남해횟집의 수족관에는 여러 종류의 바닷고기가 자신의 운명을 아는 듯 모르는 듯 한가롭게 노닐고 있었다. 우리 일행은 흰 줄과 검은 줄이 선명한 줄돔을 먹기로 선택하여 주문을 하였다. 줄돔의 육질은 쫀득거리면서 담백하고 신선한 감칠맛이 구미가 당긴다. 회 안주에 소주를 두 병이나 순식간에 비울 수 있었다.

남해의 청정한 바다를 바라보며 마시는 소주의 맛은 취기를 물리치기에 충분했다. 역시 술은 마시는 분위기가 좋아야 기분이 좋고 덜 취하는 것 같다. 같은 소주인데도 공기가 맑고 주변 환경이 청정한 자연환경에서는 취하지 않는다. 서로 건배를 하면서 지난 일들을 이야기하며 웃고 내일을 생각하는 여유로움이 오랜만에 퍽이나 즐거웠다.

어느덧 남해의 푸른 바다가 서산의 저녁노을과 작별을 하더니 어둠 속에 몸을 감추기 시작했다. 밤바다는 밤바다대로 정취가 있어 좋다. 어둠 속에 아무것도 보이지 않는 고요한 정적이 더해지며 세상은 침묵이 흐르고 사색에 빠져들게 한다.

　사방이 캄캄한 어둠으로 쌓인 대진고속도로의 밤길을 달리는 기분은 부족함이 없어서 좋았다. 마신 술로 마음이 커지고 캄캄한 밤길도 어둡지만 넉넉해 보인다. 술은 사사로운 생각은 잊게 해 주고 통 큰 여유만을 주어서 좋다. 사람들은 이런 기분을 만끽하려고 술을 마시는 것 같다. 남해를 달려 본 오늘 하루를 접어 두면서 고마운 마음이 드는 것은 자연의 생생함을 만끽했기 때문이다.

44. 장마철의 보름달

　금년은 오랫동안 장마철이 지속되는 가운데 폭염으로 고통스러운 여름날을 보내고 있다. 밤이 되면 바람도 없는 아열대성 무더운 기후로 구름이 밤하늘을 덮어서 달을 볼 수 없다. 여름밤에 밝은 달이라도 쳐다보면 더위의 고통이 덜할 것 같은 생각을 해 본다.

　물론 지금이야 옛날처럼 에어컨이 없는 집이 없지만 옛날에는 불볕더위를 나무그늘 아래서 손부채로 식히며 살아왔다. 마을 우물물이나 흐르는 시냇가에 등목을 하는 것이 전부였던 시절에 비교하면 지금은 살기 좋은 세상이다.

　나는 봄, 여름, 가을, 겨울 관계없이 달빛을 좋아한다. 철 따라 떠오르는 달빛은 감정이 달라지고 느낌이 다르다. 초등학교 3학년 때에 매우 추운 정월 어느 날 떡 방앗간에서 제물을 만들어서 어머니가 떡을 머리에 이고 논둑길을 걸어오는데 날씨가 너무 추워서 온몸을 떨었던 기억이 가끔 생각난다.

　그래도 어머니와 함께 떡 찾아오던 길을 다시 걷고 싶지만 지금은 그곳에 높은 빌딩이 서서 상상조차 하기 힘들다. 어린 시절의 장마철 추억은 너무 많아 지금도 가끔 그 시절을 그리며 미소 짓곤 한다.

비가 쏟아지면 마당에 미꾸라지가 나타난다. 그러면 사람들은 미꾸라지가 하늘에서 떨어졌다고 한다. 지금 생각해 보면 도랑에서 올라온 것인데 그 시절에는 왜 그런 생각을 하였는지 가끔 실소가 난다. 비 내리는 장마철에는 어머니께서 밀가루로 부침개를 만들어 주셨다. 아버지와 어른들은 막걸리를 마시면 안주로 이용했다. 이웃 사람들이 자연스럽게 집에 오면 그들을 대접하겠다는 아버지 생각에 막걸리를 사다 주었다.

다행히 며칠 전 보름에 구름 사이로 내민 보름달을 볼 수 있었다. 그렇게 밝은 달은 아니지만 구름이 흘러가는 틈에 밝게 내민 달님이 고맙기만 하다. 소낙비 내리고 천둥, 번개 치는 여름밤에 보름달을 볼 수 있음이 너무 좋았다. 가끔 어두운 밤하늘에서 검은 구름 사이로 얼굴을 내보이는 달빛이 갓난아이처럼 소중해 보인다. 2층 방에서 창문을 열고 달을 보니 감나무 잎 사이에 비치는 달빛이 너무 아름답다.

앞뜰 아래 심어 놓은 망우초 꽃향기가 쉬지 않고 계속해서 은은하게 향기로운 냄새를 뿜어댄다. 새벽에 잠이 깨면 창문으로 들려오는 짝을 찾아 밤새워 울던 풀벌레 소리가 정겹기만 하다. 이들도 짝을 찾아서 가을이 오기 전에 사랑을 이뤄 가길 바란다. 망우초 향기가 코끝에 머물며 그윽한 냄새를 선사한다. 이렇게 쉬지 않고 오랫동안 선물하는 망우초 향기에 흠뻑 빠져 보는 시간이 너무 좋다.

대자연의 흐름과 이치는 인간에게 행복하게 살아갈 수 있도록 특혜를 주는 것 같다. 나도 앞으로 망우초 향기 같은 언어와 행동으로 다른 사람에게 희망과 위로를 주는 언행을 해야겠다고 생각해 본다. 시인들이 달을 보고 수많은 사연을 담아서 시를 썼다. 달은 시인들의 마음뿐 아니라 평범한 사람들에게도 감동과 아름다움을 선사하여 연인들의 사랑을 노래하게 하였다. 때로는 밝은 달을 사랑하여 기다리는 연인처럼 생각하며 설레는 마음으로 긴 시간을 기다렸다.

하늘은 캄캄해서 보이지 않지만 구름이 흘러갈 때에 달빛이 흐려짐을 알 수 있다. 구름 속으로 자주 숨어드는 달빛이 어떻게 보면 겨울날 추위에 떨면서 걸어가는 어린아이처럼 보이기도 한다. 사람도 어릴 때와 청소년기에는 부모의 사랑을 받으며 보살핌 속에서 여유롭고 자유롭게 생활해야 하는데 고아나 빈민층 청소년은 어른 몫까지 다하므로 고통이 크다. 이들을 위한 복지제도도 중요하지만 이웃끼리 나누던 정이 더 필요하고 소중하다.

경제가 발전되고 물질이 풍부해도 인간관계는 지극히 순수하고 인정이 넘쳐야함을 생각하게 해 준다. 사람은 결코 물질이 아니라 인정을 나누며 살아가야 하기 때문이다. 한 송이 장미꽃을 꺾어 들고 기뻐하던 철모르는 소녀의 순진한 마음처럼 무더위 속에서도 인정의 소중함을 생각할 수 있어 좋다.

여름밤의 감나무를 비쳐 줄 달빛이 구름 때문에 자유롭지 못한 것이 못내 아쉽다. 인간은 성장함에 따라서 커 가는 모습이 달라지고 자연은 철 따라 변화하는 만물의 모습을 지켜 주어 조화를 이룬다. 날은 덥고 습도도 높아 기분이 저기압인데도 가끔 창가를 비추는 보름달이 여유를 주기에 미소를 짓는다. 달빛은 항상 아름다움을 주기에 언제 보아도 정겹고 사랑스럽다.

달의 사연도 사람에 따라서 희로애락이 있겠지만 나에게는 그리움과 애틋함만 있어서 다행스럽다. 앞으로도 저 아름다운 구름 속의 달을 보면서 깊은 사유와 아름다운 추억과 사랑을 키워 가리라.

들녘의 벼들은 소나기가 고마운지 더욱 싱싱하게 자라나서 가을날의 풍년을 꿈꿔 가고 있는 것 같다. 머지않아 누런 벼를 수확하고 빈 들은 흰 눈이 내리기 전까지 휑하니 외로울 것이다. 장마 속에서 가끔 비치는 달빛을 보고 많은 사색을 할 수 있음도 마음의 여유가 있기 때문이다(2010.8.27.).

45. 방학을 끝낸 학생들

어느덧 긴 여름방학이 끝나고 2학기가 시작되었다. 늦장마가 며칠 사이에 찾아와서 전국적으로 비바람이 불고 소나기를 퍼붓는다. 어제 개학하여 오늘이 이틀째 학교생활이다. 고학년만 강의하다가 이번 학기에 처음으로 1학년생들에게 '인간과 사회'라는 과목을 강의하게 됐다.

글로벌 시대의 국제경쟁력 속에서 이기기 위하여 기본실력을 쌓아야 한다. 영어와 인터넷을 통한 네트워크를 넓혀 가는 일의 중요성을 이야기했다. 이어서 창의성만이 경쟁에서 이길 수 있음에 대하여 사례를 들어 이야기를 해 주었다. 기존의 현상과 인식을 다른 차원에서 접근해 보고 생각해 보는 사고의 전환이 바로 창의성이다. 정의를 존중하고 도덕성을 유지하면서 신뢰관계를 키워 가는 일이 지속적으로 유지되어야 하는 인간관계에 대하여 이야기를 해 주었다.

나는 이들에게 자신감과 꿈을 향해 열심히 최선을 다하는 삶을 살아가기 위한 방법을 강조하였다. 격변해 가는 미래사회의 특성을 이해하고 이에 알맞게 살아가기 위한 기본을 갖춰 가는 일의 중요함을 인식하도록 했다. 첫 시간에 기대를 갖고 처음 듣는 강의시간의 의미를 생각하며 준비했던 시간이 감사할 뿐이다. 파워포인트를 통한 요약의 표현도 공감을 얻고 효과를 높이기에 충분하여 다행이었다.

아무쪼록 이번 학기에 내 과목을 통해서 인간관계의 기법을 배우고 윤리와 신뢰를 기본으로 하는 원리를 인식했으면 하는 바람이다. 몇몇 학생들이 연구실로 찾아와 인사를 한다. 긴 방학을 어떻게 보냈는지 간단한 이야기를 나눈다. 대부분 학생들이 백화점이나 판매 업소에서 아르바이트를 해서 2백만 원 정도의 돈을 벌었단다. 이 돈으로 2학기 동안 용돈을 쓸 생각이란다.

몇 학생은 등록금을 내는 데 보탠 학생도 있다. 80일간의 긴 방학 동안에 영어와 중국어를 배우고 책을 읽거나 공부하며 매우 유익하게 보낸 학생도 있다. 방학기간을 어떻게 보냈느냐에 따라서 2학기의 학교생활이 많이 달라질 수 있다. 대학생들에게 무한한 가능성이 있는 미래에 대한 확신을 갖고 최선을 다해서 열심히 살아가야 함에 대하여 열정적으로 이야기를 해 준다.

그렇지 못하고 그냥 시간만 낭비하는 무의미한 생활을 한다면 나중에 너무 비참한 사람이 될 수밖에 없다. 나의 대학시절은 70년대 초로서 민주화 열풍 속에 지속된 데모와 경제적으로 어려운 시기였다. 철없이 막걸리나 마시고 잡담하던 시간을 책을 읽고 학문을 했으면 지금보다 훨씬 더 나은 삶을 살아갈 것이다. 지난 시간이 너무 아쉽고 후회가 된다.

제자들에게 지난 시대의 비극이나 후회할 수 있는 일을 하지 않고 내일의 무한한 가능성을 위해서 열심히 살아가도록 관심을 갖고 지도를 해 가는 이유도 이 때문이다. 방학기간 학습을 통해서 지식습득의 중요성을 인식하여 열심히 공부한 학생은 2학기의 개강에 많은 기대를 걸게 된다.

사람에 따라서 다르지만 어떤 학생은 방학 중 콩나물처럼 욱 자라서 사회의 많은 경험을 통한 어른다운 성숙함을 보이기도 한다. 사람은 연령을 떠나서 현실을 어떻게 경험하고 보느냐에 따라서 인격의 성숙도가 다르게 마련이다. 아무쪼록 학생들은 학창시절을 통해서 고매한 인격을 도야하기 위한 다양한 활동을 벌이면서 심오한 학문연마에 최선을 다하여야 한다.

60년대 대학생들처럼 번민에 빠지지 않고 실력을 배양하기 위한 노력이 제일임을 인식하고 있는 학생들의 노력에 가끔은 연민의 정을 느낀다. 아무리 노력을 해도 따라갈 수 없는 길은 일찍이 포기하고 자신에게 가능한 길을 선택해서 최선의 노력을 다하는 사람이 되길 바란다.

창조주께서 각자에게 부여한 사명을 일찍 인식해서 만족하며 행복하게 땀 흘리면서 살아가는 것이 중요하다. 요즈음 경제사정이 어려워서 서민들 살기가 힘들다. 대부분 부모들이 서민이어서 경제흐름에 많은 영향을 받아 어렵게 살아가고 있다. 세월이 지난 사람들은 타인에 대한 부러움이나 관심이 매우 적어지고 오직 자신의 현실에 충실하고 만족하며 살아가려 한다.

명예와 욕심의 부질없음을 인식하고 현실에서 자신의 만족과 행복을 찾으며 하루하루를 살아가는 것에 의미를 두고 있다. 그러나 젊은이들은 그래서는 안 된다. 무한한 가능성에 대한 도전과 성취의 희열을 추구해 가야 한다. 할 일 많고 복잡다단한 현실을 슬기롭게 살아가기 위한 의지력과 성실성을 항상 마음에 안고 살아가는 학생들이 되길 바라는 마음 간절하다. 나는 이들을 위해서 정확한 현실을 분석하여 미래의 도전에 승리할 수 있는 지혜를 주어야겠다고 생각한다(2010.8.31.).

정하성

충남대학교를 졸업하고 대만 RTI에서 지역사회와 청소년연구를 마친 후 대구대학교 대학원에서 지역사회학을 전공하여 행정학 박사학위를 취득하였다.

한국청소년연구소(서울), 사단법인 청소년지도연구원(대전), 사단법인 대전지역사회개발협회장 등 30여 년을 학자로서 한결같이 지역사회 활동과 청소년지도자로 활동하고 있다.

국가시험 청소년지도사 1・2・3급 출제위원 겸 검정위원, 국가시험 청소년상담사 1・2・3급 검정위원이며 사단법인 한국청소년학회장으로 활동하고 있다.

한양대학교 대학원 외래교수를 거쳐 현재는 평택대학교 청소년복지학과 교수로 재직하고 있다. 『들꽃같은 강물』 등 50여 권의 저서가 있다.

회양목도 꽃을 피우는데

초판인쇄 | 2010년 11월 19일
초판발행 | 2010년 11월 19일

지 은 이 | 정하성
펴 낸 이 | 채종준
펴 낸 곳 | 한국학술정보㈜
주   소 | 경기도 파주시 교하읍 문발리 파주출판문화정보산업단지 513-5
전   화 | 031) 908-3181(대표)
팩   스 | 031) 908-3189
홈페이지 | http://ebook.kstudy.com
E-mail | 출판사업부 publish@kstudy.com
등   록 | 제일산-115호(2000. 6. 19)

ISBN   978-89-268-1671-4 13040 (Paper Book)
         978-89-268-1672-1 18040 (e-Book)